社會學是什麼

What Is Sociology?

邱澤奇◎著

作者的話

　　我寫這本小書的目的是想說明社會學是一門嚴肅的科學。之所以這樣說，是因為人們對社會學存在不少誤解。事實上，自誕生的時候起，社會學就始終處於被誤解與糾正誤解之中。最早的誤解來自於意識形態方面，在工業社會的早期階段，激進的人們把社會學與作為意識形態的社會主義混為一談，不斷地壓制社會學的發展，甚至直到二十世紀的初年，這樣的誤解仍然存在。在帕森斯的結構功能主義為「美國夢」的實現者們大唱讚歌以後，真正的社會主義國家卻把社會學看作了資產階級的意識形態，認為那是為資本主義社會進行辯護的工具，不僅在前蘇聯遭到批判，一九五二年，在中國大陸進行高等教育機構改革的時候，乾脆就把社會學專業取消了。

　　這種處境既是社會學的悲哀，也是社會學的幸運。所謂悲哀，是因為作為一門嚴肅的、以科學取向見長的學問始終被作為意識形態的東西隨意興廢，一方面有損人類知識探索的尊嚴，另一方面也為人們正確地認識這門學科製造了混亂；所謂幸運，是因為畢竟這門學科生存下來了，並穩定地成長起來。進入二十世紀九〇年代以後，人們開始發現，無論是人類的經濟生活還是政治生活，都深深地植根於社會，對社會的探索不僅吸引了越來越多的對社會學感興趣的人們，也吸引了主流的經濟學家和政治學家，有幾位諾貝爾經濟學獎的得主所研究的就是社會經濟問題，如家庭經濟分析、資訊不對稱分析等。

　　一九七九年以後，社會學開始恢復重建。在二十多年裏，

如果僅僅從資料來看，社會學在中國大陸的確得到了快速發展。舉例來說，在剛剛恢復社會學的時候，只有極少數綜合性大學建立了社會學專業，要麼附屬在哲學系下、要麼附屬在國際政治學系之下，後來才有專門的系；二十年之後，中國大陸有社會學系的高等院校就達到了八十多所，這樣的發展不可謂不快。隨著系科數量的增加，從事社會學的人數也在迅速增長，以每個系二十名教師計算，全國從事社會學教學的人員就已經達到了一千六百人，這還不包括各省的社會學的專業研究人員。

儘管如此，大多數人還是不瞭解社會學，如果不信，你可以隨便問問身邊的人，他們知道社會學嗎？而且不少自認為瞭解社會學的人，對社會學也有很多誤解，有的人認為社會學就是社會哲學，有的人認為社會學就是統計學，也有的人認為社會學就是講故事，甚至認為與文學故事不同的地方就在於社會學講的是真實的故事，所以在一篇故事之中只要加上幾句分析的話語，就成了「社會學分析」。對於這樣的誤解，我們不能怪罪誤解的人，因為不知者無罪。而只能怪罪從事這門學科的人，是我們沒有把這門學科的知識說清楚，是我們沒有將這門學科的知識傳遞給更多的人，所以才有了這樣的誤解。這就是為什麼說寫這本書的目的是想說明社會學是一門嚴肅的學科的原因。

儘管這只是一本介紹性的小冊子，但我仍然希望能夠把我對社會學的理解融入其中。首先，我沒有過多地使用社會學的專業術語，這是因為我希望嘗試費孝通教授對社會學者的教誨：用每個人都能夠懂得的大白話去闡述深刻的社會學學術道理。但同時，我又不得不使用一些必要的術語，一方面是因為

我尚沒有這樣的學術修行，能夠完全拋開社會學的專業術語；另一方面，每個試圖懂得社會學的人更需要懂得一些專業術語，因為絕大多數的社會學知識積累還是表現為專業術語的敘述。其次，我始終認為社會學是一門科學，也必須遵循科學的原則。所以，整個的討論是以對待科學的方式在進行。儘管我知道一些對科學取向持有異議的學者會發出異議，但任何學者都有自己的學術信仰，所以在異議之餘，我相信他們也能夠理解。第三，社會學並不是玄學，也不是抽象的數理邏輯，更不是意識形態，社會學就在我們的身邊。事實上，在人們的日常生活中，就像人們在不斷地處理經濟學的問題一樣，也在不斷地處理社會學的問題，從家庭關係到工作關係，從結婚生子到養兒育女，從社會經濟活動到政治運動，都有社會學研究的議題，所以在內容編排上，我沒有遵循傳統的社會學教科書格式，把社會學的內容分為專門的類別來編排，而是遵從了生活的邏輯，從一個人出生開始，討論人們的成長、學習、工作、婚嫁、家庭、群體和組織中的社會學議題，最後討論對社會的整體認知。總的希望是，用人們日常生活中的事例來討論社會學的基本道理。

全書共分為八講，第一講討論社會學的思維；第二講對作為一個學科的社會學進行簡單介紹；從第三講開始，討論社會學的主流問題；結束的時候提出了社會學作為職業或使命的問題。本來計劃以一個人的生命周期為例寫十四個專題的，由於時間和篇幅的關係，最後只寫了六個專題，從出生時的社會化開始，接著討論與個體密切相關的教育、工作、婚姻家庭，然後討論與個體有些距離的群體與組織、社會結構與分層。

中國大陸正處在激烈的社會變遷之中，社會的複雜性不僅

表現在我們集中了人類社會的多種基本生活形態，從刀耕火種的農業、傳統的牧業到網路社會，而且表現在從計劃經濟向市場經濟的轉變以及經濟的全球化。這也是希望今後能有機會討論的問題。事實上，現在的中國是人類社會最豐富的實驗場，各種極其複雜的問題不僅需要經濟學家和管理學家來研究，更需要具備充分社會學基礎知識的人來探討，而且我相信，紮根於中國社會的執著的學術努力，將能夠為社會學的知識積累做出前所未有的貢獻。

　　此外，非常重要的是，面對如此複雜的、劇烈的社會變遷，人們難免會產生徬徨甚至恐懼。學一點社會學將有助於我們更加全面地理解今天所發生的一些，更加客觀地對待我們的日常生活，更加深切地懂得每個人所擔負的歷史使命，並使由這個古老民族所構成的社會變得更加成熟和發展。

目　錄

數字與意義

　　從瞭解社會和改造社會的實踐中，我們才能總結出社會生活中的一些規律，使我們能更好地按規律來處理我們社會生活各方面不斷發生的變化。社會學的理論就是從實踐中總結出來的那些具有規律性的認識。社會調查是社會學研究的基本工作。

　　　　　　——費孝通《爲社會學再說幾句話》

費孝通（1910-　），中國社會學家、人類學家。

對於社會學而言，人們最容易出現的誤解有三種：第一是把社會學等同於社會哲學甚至哲學。從社會學的起源看，社會學的確脫胎於哲學，早期的創始人在試圖把社會學作為專門學問來對待的時候，使用的策略就是社會哲學。第二是把社會學等同於講故事。在社會學的某些範式中，故事是不可缺少的重要部分，譬如懷特（William Foote Whyte）的《街角社會》讀起來就像是一個很精彩的故事。第三是把社會視為數字遊戲。社會學研究中，尤其是定量研究中，數字是解釋社會現象的重要的、不可缺少的部分，沒有數字，就沒有證據，更沒有辦法解釋社會現象。那麼，為什麼說這樣的理解是誤解呢？

還是讓我們用具體例子來進行解說吧。先從數字與社會學的關係說起，下一講我們再討論哲學、故事與社會學的關係。

1.1 四個數字

某老師曾經在大學的課堂裏做過一個實驗，目的是讓學生瞭解社會學的基本思路。調查對象是剛剛進入 XX 大學社會學系的新生；調查內容是「全班來自農村和城鎮學生的分性別比例」。實驗很簡單：把課堂的座位劃為四行，兩行為一組。來自農村的男生坐成一行，女生緊隨其左，坐成另一行，由此構成一個組；來自城鎮的同學也依此，坐成兩行。這樣，就得到了四個基本資料：來自農村的男生人數、女生人數；來自城鎮的男生人數、女生人數；結果如**表 1-1**。

在獲得了四個基本數字以後，老師的問題是，這組資料能夠說明什麼社會現象？在將近一個小時的討論中，同學們歸納

表1-1　某課堂學生戶籍類型和性別調查分組表

	男生	女生	合計
城鎮	10	9	19
農村	9	7	16
合計	19	16	35

資料來源：XX大學社會學系課堂調查，二〇〇一年十月

了如下四點：

中國城鎮的基礎教育狀況好於農村；

中國男性接受基礎教育的狀況好於女性；

在城鎮，女性與男性接受基礎教育的狀況相似；

在農村，女性接受基礎教育的狀況不僅比農村的男性差，而且比城鎮的女性差。

「果真如此嗎？」老師在課堂上使用了一個大大的問號，課堂上異常安靜。在沒有任何反饋的情況下，最後老師簡單地評論說：「四點結論都是錯的；最保守地說，沒有一點能夠站得住腳。」課堂就像在滾燙的油鍋裏滴進了一滴水一樣，炸開了，同學們的臉上出現了各種表情。有的人覺得非常奇怪，四個數字非常清楚，城鄉、男女的比較明明白白，難道我們這些大活人有問題？有的同學不屑一顧，心想，一定是老師在故弄玄虛；也有的同學一臉茫然，不知道到底錯在哪裏；更有的同學臉上表現出了憤怒，也許在想：我們可是各省的頂尖學子，有的人還是某省的高考狀元，老師是懷疑我們的智商還是懷疑我們的基本數學能力？

這個時候，讀者也不妨把書放下，想一想，問題到底出在哪裏？

1.2 數字、常識與意義

　　有的讀者可能心存疑慮，認為這樣的結論沒有錯誤，因為在我們的日常感知甚至常識中，農村的基礎教育的確要比城鎮差。要不然，所有的希望小學為什麼沒有建在城鎮，而是建在農村？為什麼到城裏來打工的人很多只有小學文化？為什麼新聞常常報導的是農村適齡兒童的高輟學率？為什麼農村的經濟就是發展不起來？無論如何，有很多現象都說明農村的基礎教育狀況不如城鎮，而且這個課堂的狀況正好與人們的日常觀察相一致，怎麼結論就不對了呢？

　　常識的確是人類社會知識積累的一種方式，代表的是人們關於知識的共識，因為知識的基礎就是約定俗成，沒有人能夠透過個人的經驗或者發現去知道所有的事物，人們必須相信其他人告訴的東西，從我們有思維能力開始，我們就在瞭解他人對事物的理解，就在相信他人，從父母到老師、從傳說到書本。因此，人們對事物的瞭解一方面是透過常識，另一方面是透過專家。

　　問題是常識並不總是真的，專家也並不總是對的，這就有了人們獲得知識的另一些方法，包括直接從經驗中瞭解事物，獲得事物的真相，譬如人們關於冷熱的感知。當個人的體驗與既有的常識或者知識發生衝突的時候，人們就開始了另一個艱難的旅程——對真實的探索，這就是科學研究。

　　自從近代科學進入社會生活以來，很多人都相信，科學既可以檢驗約定俗成的知識，也可以把人們的經驗或體驗提升為

知識。在這樣的過程中，人們獲得眞實的基本理念是，一個所謂的眞實必須言之成理，必須符合人們對世界的感知。

前面的結論看起來符合人們對社會的觀察和感知，聽起來也言之成理，問題是，那是我們的眞實觀察嗎？爲了檢驗對社會觀察的眞實性，社會科學家們發展了一整套方法，包括理論探討、資料蒐集和分析。其實，正如英國社會學家紀登士（Anthony Giddens）所說，社會學就是要在我們的常識之外尋求日常生活的新意。現在我們就來看看，上面的結論到底錯在哪裏？

稍有社會研究知識的人都知道，對錯誤的分析至少可以從幾個方面入手：(1)調查設計有問題，沒有窮盡想要瞭解的社會現象；(2)資料有問題，蒐集到的資料不能代表想要瞭解的社會現象；(3)分析有問題，沒有正確解釋手中資料的眞實意義；(4)結論有問題，所做的結論並不是資料所能夠證明的結論。

根據調查內容，我們要瞭解的是全班城鎮和農村學生分性別的比例。我們都知道，直到今天爲止，中國大陸的戶籍制度仍然把中國公民分爲兩個基本類群，一個是農村戶口，另一個是城鎮戶口，每個人必須有戶口。根據XX大學的入學程序，能夠坐到教室裏的學生一定有戶口，且只能屬於兩類戶口中的一類。這一點，非常清楚，沒有任何含混。另一個非常清楚的社會現象就是，儘管現在已經有了變性人，但是，在社會的定義中，人類只有兩性：或男或女。即使有變性人，在程序上，那是一個相當複雜和漫長的過程，尤其是需要時間接受變性手術。但根據中國的教育體制，學生從幼稚園開始就緊隨著正式教育的程序在快跑，根本就不可能有時間接受這樣的手術。根據XX大學的新生入學程序，所有新生入學時一定要進行體格檢

測，如果有人有時間並完成了變性手術，那麼也早已成爲已知數據。顯然，調查的設計已經窮盡了所涉及的社會現象，透過分組實踐，沒有一個人游離於四組之外，因此，調查設計也得到了檢驗。也就是說，僅就戶口和性別而言，調查設計沒有任何問題。

那麼資料有問題嗎？由於我們要調查的是全班的狀況，對這個問題的研究只需要進一步問一個問題，那就是同學們都到齊了嗎？進一步的調查使我們知道，這個班共有四十三人，其中二人爲留學生，由於不存在戶籍問題，不屬於調查範圍。就是說，在上面的調查中，我們遺漏了應該被列入調查的六位同學。如果考慮六位沒有到場同學的戶籍和性別狀況，**表**1-1的結構就發生了根本的改變，見**表**1-2。

爲了下面討論的方便，我們要引入一些基本的社會學概念。在社會學中，課堂上的人數和全班符合調查要求的人數都有專門的名稱，課堂上被調查的是樣本，全班符合被調查條件的是總體。在所有的調查中，樣本就是在調查中被用來代表總體的研究對象；總體則是被研究對象的全體；獲得樣本的過程就是抽樣；被用於抽樣的、符合研究條件的所有對象列表（或者總體列表）被稱爲抽樣框；我們要調查的內容（同學們的戶籍狀況和性別）就是變數。

表1-2　某班全體同學戶籍類型和性別分組表

	男生	女生	合計
城鎮	10	13	23
農村	9	9	16
合計	19	22	41

資料來源：XX大學社會學系課堂調查，二〇〇一年十月。

如果我們的調查僅僅限於這個班，全班四十一個人就是總體。僅此而言，在課堂上接受調查的樣本沒有很好地代表總體。出現這樣狀況的原因是我們沒有很好地選取能夠代表總體的樣本。由於抽樣的原因使得樣本不能很好地代表被研究總體所產生的誤差，就是抽樣誤差。

有了這些基本的概念工具，現在讓我們回過頭來看看資料問題能夠對我們的結論產生什麼樣的影響。直觀地看，至少有兩點已經存有很大的疑問。第一，從**表1-2**來看，女生的總人數已經多於男生，根據這裏的男女生人數比例，我們不能得出中國男性接受基礎教育的狀況好於女性的結論；其次，來自農村的男生和女生的數量是相等的，我們不能得出結論說，在農村，女性接受基礎教育的狀況比男性差。換句話說，由於嚴重的抽樣誤差，使得樣本根本就不能夠代表總體，進而嚴重地誤導了我們的結論。

從分析的角度來看，是否還有其他問題？回答是肯定的。如果僅僅就這個班而言，缺席同學的數量已經提醒我們，那就是在課堂的三十五個人的性別和戶籍狀況並不能代表全班四十一個人，樣本具有嚴重的誤差。由此聯想到的一個相似的問題就是，這個班的狀況能夠代表中國的狀況嗎？答案是否定的，因為這僅僅是**XX**大學社會學系的一個班，這個班並不是透過嚴格的抽樣程序所獲得的樣本，全班四十一個人所攜帶的兩個變數值並不足以代表中國基礎教育作為一個總體的狀況。

為什麼這麼說呢？根據中國大陸的初等和高等教育制度，所有希望獲得大學入學資格的高中畢業生必須參加全國的統一命題考試（高考）；在考試閱卷結束以後，各省市依教育部的規定，劃分獲得入學資格的基本考試分數線和不同類別學校的

錄取分數段；考生根據自己的意願填報希望進入的學校和專業；各大學和專業進行錄取；接到XX大學社會學系錄取通知書並到校報到的人，才成爲這個班的一員。在經過如此複雜的程序之後，同學們來到了同一個班。而在所有這些程序中，沒有一個程序滿足有代表性抽樣的規則，這個班的狀況根本就無法代表總體。

即使我們只考慮高考因素（將所有參加高考的學生當作總體），如果要使這個班的狀況能夠代表「中國」，也必須滿足以下條件：(1)全國統一命題；(2)全國統一閱卷；(3)全國統一入學分數線；(4)所有超過入學分數線的考生都填報XX大學社會學系。根據上面的敘述，顯然，只有一個條件獲得了滿足。

再退一步，假設上述四個條件都得到了滿足，當我們用「中國城鎮基礎教育狀況」或「中國農村基礎教育狀況」的字眼來做結論的時候，也已經超出了參加高考的群體，總體不再是所有考生。中國的基礎教育包括了從幼稚園到高中的整個階段，也就是說，上面的結論所針對的是所有接受這種教育的群體。根據四十一位同學的戶籍和性別狀況來對所有接受基礎教育的群體做結論，能夠獲得正確結論嗎？根本就不可能。

再往後退一步，現在我們假設我們的樣本能夠代表所有接受基礎教育的群體，問題也仍然存在。第一，「基礎教育狀況」和「接受基礎教育的狀況」到底指什麼？而且這兩個表述很顯然不是一回事。前者指從幼稚園到高中的整體教育狀況，需要運用一些基本指標進行評價；後者則是從受教育者的角度來評價基礎教育狀況，是反映基礎教育狀況的另一個維度，也需要一些具體的指標。第二，「好於」指什麼？指接受基礎教育的人數多？成績好？就學鞏固率高？還是高考錄取率高？非常清

楚的是，這不是一個或者兩個指標能夠解釋和評價的問題。

　　總括起來，在社會學中，我們至少可以把這個案例的錯誤歸納爲三點：

　　第一，概念不清。和其他任何科學一樣，在社會學研究中，爲了敘事的簡捷，也需要使用定義清楚的概念。舉一個例子，假設有這樣一個結論說：許多剛到北京的南方人都接受不了北京人的「大爺勁兒」。如果你來自安徽，但是你並沒有接受不了北京人的「大爺勁兒」，你會有什麼反應？是不是會說「我不覺得啊！」？當你做出這樣反應的時候，就已經把自己歸入了「南方人」的行列。「南方人」在這裏不僅是一個地理的區分，而且指具備某種社會特徵的一類人。概念就是用於抽象具有同類屬性和特質的社會現象的術語。在上面的例子中，學生們在做結論的時候並沒有對「基礎教育狀況」和「接受基礎教育」進行清楚的定義，而是把這兩個概念與是否成爲本班成員混爲一談了。由於是否成爲本班成員要受多種非「基礎教育」和「基礎教育狀況」所能夠涵蓋的因素的影響，兩者根本就不屬於同一類事物。

　　第二，總體不明。與概念不清直接關聯的就是，學生們並不清楚我們做結論的對象是什麼。當使用「基礎教育狀況」概念的時候，所涉及的總體包括了幼稚園、小學、初中和高中等四個階段各個年級的就學人員動態，其中任何一個年級的就學人員又都不足以代表「基礎教育狀況」的總體。在這樣的情況下，學生們的做法是用一個班的兩個變數來反映一個虛無的總體。

　　第三，推論錯誤。從總體與樣本的關係來看，總體不明的另一面就是樣本偏差；從抽樣的角度來說，就是抽樣誤差，在

獲得樣本的過程中，我們獲得了不能代表總體的樣本。由於在做結論的時候根本就不清楚總體，那麼，抽樣誤差的問題就無從談起。如果在這個時候還不刹車，還要根據「有偏差」的樣本來對總體做出結論，那麼就犯了在獲得結論中很容易產生的簡化論錯誤，即把只能說明一個班的戶籍與性別構成狀況的結論，推廣到了整個參加高考甚至是接受基礎教育的群體。

　　爲什麼會產生簡化論錯誤？這是因爲在分析的時候，我們混淆了分析單元。在社會學的研究中，任何結論都必須基於一定的分析單元。所謂分析單元，就是用來考察和總結同類事物特徵並解釋其中差異的單元。常用的分析單元有個體、群體、組織和社會人爲事實等。用在狹小範圍或特殊群體獲得的結論來看待和解釋所有事物，這就是簡化論。譬如，每每電視新聞中說北京的壞事是河南人幹的時候，就會有人針對河南朋友說：「你看，又是你們河南人。」這就是典型的簡化論。

　　與之相反，把在高層次分析單元中獲得的結論用來解釋低層次分析單元的現象和事物，那就犯了「生態謬誤」的錯誤。舉例而言，假設我們要瞭解不同城市的犯罪率。透過警察部門的統計資料，我們發現接受農村流動人口多的城市比接受農村流動人口少的城市有更高的犯罪率，由此我們得出結論，認爲進入城市的農村流動人口越多，犯罪率越高。這就是典型的區位謬誤。以警察機關資料爲依據討論的是城市的犯罪率，研究單元是作爲整體的城市，而不是進入城市的農村流動人口群體；但是，我們的結論針對的卻是城市中的一個群體。因爲我們只知道接受農村流動人口的規模與犯罪率高低有一定的關聯，但並沒有證據顯示所有的犯罪活動都是農村流動人口幹的。

那麼，四個數字的故事到底告訴了我們什麼呢？

第一，常識並不總是對的。這裏我想借用社會學研究中的一個經典案例。在第二次世界大戰期間，史托佛（Samuel Stouffer）及其同事發現，就軍中士氣而言，人們有很多常識，譬如晉升會影響士氣。當有人晉升而且晉升制度也公平時，士氣就會提升。而且，獲得晉升的人通常會認為晉升制度公平。基於這樣的考慮，人們認為如果晉升速度緩慢，就會認為制度不公平；如果晉升迅速，就容易認為制度公平。這是常識，問題是，果真如此嗎？

史托佛及其同事比較了美軍中晉升最緩慢的單位（憲兵）和晉升最快的單位（空軍特種兵）。在常識中，憲兵應該認為晉升制度不公平，而空軍特種部隊應該認為晉升制度公平。不過，史托佛等人的研究卻得到了相反的答案。

根據默頓（Robert Merton）的參照群體理論，一般人評斷自己生活的好壞，往往是和周圍的人比較，周圍的人就構成所謂的參照群體。這正好解釋了史托佛觀察到的現象，憲兵的參照群體是憲兵，儘管某人很久沒有晉升了，由於大家都沒有晉升，所以並沒有覺得不公平；空軍特種部隊成員參照的是自己的隊友，即使某人已經在短期內多次晉升，由於他隨便就能找到一個比他差卻晉升更快的例子，所以也會覺得不公平。

第二，數字並不總是有意義的。學過初等數學的人都知道，數是對事物的抽象，當人們要使數字有意義的時候，就必須要把數字放到具體的社會環境中。也就是說，數字的意義並不在數字本身，而在於數字所代表的事物。

還是以前面的課堂調查為例，如果僅僅只是基本的四個數字，試想我們用這些數字能夠解釋什麼呢？試試看，我們是否

可以說，在這個課堂上，來自城鎮的男生人數最多，來自農村的女生人數最少？的確，這樣的表述沒有任何錯誤。可又有什麼意義呢？多了如何？少了又如何？能夠解釋社會生活中的什麼現象？但是如果我們把四個數字放到該年XX大學整個社會科學的招生背景下考慮，並假設課堂上的人數就是該班的全體人數，而且各個學科分志願的錄取比例相等，情況又會怎樣呢？至少我們可以討論，在XX大學的社會科學各系的該年招生中，哪些系、專業最受哪個群體認可（無論是出於什麼原因）。

再舉一個例子，某報曾經有這樣的報導：某日江蘇省九所高校百年慶典。在整個「九校百年」慶典過程中，來寧參加慶典活動的各校新老校友將達八至十萬人，其中包括約一千多名原中央大學的高齡校友、港澳臺及定居國外的校友，共黨和中國大陸國家領導同志、近二百名兩院院士、近百名中外著名大學校長也將應邀參加慶典。

這樣的新聞報導中列舉了參加慶典的人數、高齡校友的人數、院士人數，可是這些人數又能夠告訴我們什麼呢？如果想表達的意思是人數多，八至十萬、一千多名是什麼意義上的多呢？如果想要表達的意思是影響大，近二百名院士、近百名中外大學校長能夠說明這樣的意思嗎？如果要理解這些數字的含義，我們必須把這些數字放到具體的社會現象中進行考察，譬如，至少把八至十萬人放到九校百年畢業的人數，或者南京城常住總人口的人數，或者南京流動人口的人數等背景中考察；或者把二百名院士放到中國院士總人數的背景下考察。

如果不是這樣，這些數字就沒有意義。對於社會學家而言，沒有意義的數字只能是遊戲。

第三，對數字的錯誤解釋經常發生。還是讓我們先來看一

個例子，某新聞報導說，經過一年的稅費改革，某區農民平均負擔比改革前合同內減少66.07元、合同外減少93.96元，減少率達55.01％，並由此得出結論說，農民兄弟從稅費改革中得到實惠後，生產積極性高漲。先不說「生產積極性高漲」如何測量，只看減負與生產積極性之間的關係，我們就會發現，作者把減負當做了影響生產積極性的唯一變數或關鍵變數，顯然這不符合實證邏輯，也不符合我們的日常觀察。負擔問題是影響農民生產積極性的一個因素，但不是全部因素，甚至不是關鍵因素。正如把中國農民收入問題歸結為農產品價格問題是荒謬的一樣，把農民生產積極性簡單地歸結為負擔問題，也是荒謬的。

因此，錯誤地運用數字只有兩種可能，第一是對數字無知；第二就是有意欺騙。

實際上，類似這樣的對數字的錯誤理解、錯誤解釋和錯誤應用，在我們的日常生活中隨處可見，而由此產生的危害也不可估量。那麼我們是否可以因噎廢食，不要數字，乾脆講故事或者進行邏輯演繹呢？並不是這樣。數字是社會生活中不可缺少的要素，社會學的研究就是從一個側面使人們能夠認識數字背後的意義，理解數字背後的因素對社會生活的影響，使人們能夠運用數字，探索社會生活的奧秘和真實。

1.3　社會學中的數字

正如前面反覆強調的，在人類的知識積累中，數字只是符號。在社會學中，和其他的任何符號一樣，數字的意義就在於

數字的社會指稱，而要獲得數字的社會指稱，就要有對世界的基本觀點。舉例而言，同樣是對社會現象進行解釋，根據宗教教義的解釋與依據科學觀察的解釋所賦予數字的意義是完全不同的。當我們把社會學作為一門科學的時候，由此出發對社會現象進行的解釋，具有一些重要的特徵。

根據多年的探討和積累，巴比（Earl Babbie）認為，作為一門科學的社會學有一些基本的理念。在人們對社會進行研究和總結的時候，處理的是「是什麼」和「為什麼」，而不是「應該是什麼」或者「應該為什麼」的問題（後一點將在第二講進行討論）。在社會學的發展中，人們已經認識到社會學必須探究社會現象的真相和瞭解社會現象的原因。

基於這樣的理解，社會學家形成了一個共識，社會學的理論甚至整個科學的理論都不能使用價值判斷，不能用「應該」是什麼來描述和解釋社會現象。舉一個例子，如果我們說「XX大學的學生應該是中國最好的學生」，就只是一種猜測或者信仰，而不是科學的判斷。如果要變成「XX大學的學生是中國最好的學生」，我們就必須有一些具體的約束條件和指標，譬如，我們所說的是哪個時期或者哪個年級的學生，甚至是哪個層次的學生？我們判斷好壞的標準是什麼？是錄取時的考試平均成績還是畢業時的能力？

社會學運用數字的一個經典的例子就是涂爾幹（Émile Durkheim）的自殺研究。在十九世紀，人們都相信自殺是個人的事情，與社會沒有關係。不過涂爾幹的研究證明（儘管後來對他的研究有很多批評），某個人的自殺並不構成社會現象，而一個社會的自殺率作為重要的社會現象就不再是個人的事情，而是社會的問題，對自殺率的解釋就不能夠還原為個人的心理

因素，而必須從社會中尋找原因。因此，社會學的判斷主要幫助我們瞭解作爲社會事實的社會現象和構成社會現象的原因。而對社會現象的價值判斷必須以社會的共識爲基礎，但尋求共識的過程就超出了社會學所能夠駕馭的範圍。

如果說自然科學研究是在尋找自然的規律的話，那麼社會學的研究就是在尋找社會規律。在人們的觀察中，有些自然現象的規律非常直觀，譬如萬有引力定律就可以透過經典的牛頓看蘋果掉下的現象來體會；對於某種植物的生長規律，人們可以透過實驗室或自然環境下的生命周期觀察來瞭解。

可是對於社會的規律，人們卻很難獲得直觀的認識。舉一個例子，某個企業也許明天就突然破產了，但不會所有的企業明天都會破產；還有，XX大學社會學系碩士研究生今年入學的錄取分數線爲356分，去年可能就不是這個分數線，明年也不一定。

但這並不意味著社會現象是沒有規律可循的。組織研究中的種群生態學派認爲，任何一個組織都有生死；對某個企業而言，今天不關門並不意味著明天不關門，而且總有關門的一天。透過社會學家們努力，甚至可以對不同規模、產業類型的企業進行生命周期預測。就入學錄取分數線而言，儘管每年的具體分數不同，但是基本的規律依然存在，譬如，必須保證所有考試課程的平均成績在六十分以上；根據歷年的狀況，政治課和外語課的成績不能少於五十分。

所以，社會規律事實上是存在的，透過一定的方法社會學家不僅有能力觀察和瞭解這些規律，也有能力解釋規律的發展和變化。正因爲人類有能力理解社會現象的規律性，才有可能對自己的行爲產生預期，才使得社會表現出秩序。因此，探索

社會的規律是社會學研究的一個重要理念。

　　正因為社會規律是社會學理論和經驗研究的目的所在，而基於某個人行為的探討不可能反映社會總體的現象，所以社會學家研究的主要是社會群體的行為或模式。即使研究者有時以個體作為研究的單元，那也不是以個體作為研究的對象：對個體的研究無非是要在群體的意義上得出結論。

　　讓我們舉一個相關的例子，XX大學社會學系研究生入學的錄取分數線。雖然每個考生參加考試都會得到一個分數，而且錄取的時候也是以這個分數為依據的，但是當說到錄取分數線的時候，就不再涉及每個人的具體分數了，而是要針對所有被錄取的考生進行討論，我們可以根據每個被錄取的考生來計算最低分、最高分、平均分和標準差（所有人的分數與平均分之間的關係）。

　　再舉涂爾幹的經典例子：自殺。人們的自殺會有各種各樣的狀況，每一個人自殺的理由都不一樣，每個人選擇自殺時的年齡也有不同。如果只是考察每個人自殺的具體狀況，我們就只能得到一些傳奇故事。但如果把所有自殺的人作為一個群體，並把這個群體放到不同的社會環境中，我們就會得到關於不同社會環境下自殺群體（自殺率）的規律性結論。

　　因此，社會學可以在個體層次上蒐集資料，但通常不會針對個體來進行討論和做結論，而是要針對群體來瞭解社會運作的規律。

　　那麼如何探索和發現人類社會的規律呢？試想，如果你有一個十歲的孩子，一天放學的路上，被人搶了。如果搶劫的人是孩子的同班同學，你會如何處理？第一個出現在你腦海裏的念頭，不是找那個孩子的家長，就是找學校的班主任。但如果

搶劫的是一個成年人，你又會如何處理？是不是馬上問孩子，「那人長得什麼樣？」「外地人還是本地人？」等等，並會馬上想到找警察？

在進行這樣思考的時候，我們就已經把搶劫者歸入了某種類別，針對不同的類別，我們會有不同的處理方式。注意，在我們的思考中，有一個重要的思維轉換，當我們知道具體的搶劫者以後，我們的思維已經離開了實施搶劫的具體人，而是把注意力集中到了一類人的行為上。對於同班同學的搶劫，我們將其定義為同學之間的衝突，而且是非成年人之間的衝突，並且認為可以透過同學家長，或者班主任來解決問題；如果是成年人，我們就將其定義為刑事犯罪，只能由專門的執法機構來處理。相同的行為，由不同類型的人來實施，就會有不同的處理方式。這裏搶劫行為就是社會學家用來思考的對象，被稱之為「變數」，因為同樣是搶劫，可以由不同的人來實施，行為本身是變化著的。再譬如「年齡」，在一定的時點如二〇〇〇年十一月三十一日進行第五次人口普查的時候，每個人都有一個年齡，但每個人的年齡並不一定是相同的。換句話說，就年齡本身而言，是變化的。

社會學的研究就是對變數（包括變數屬性）之間關係的研究，社會學的結論或理論表述的，也是變數之間的關係。在進一步討論之前，我們還需要瞭解與變數有關的兩個東西：屬性和概念。屬性是事物的特徵，如人就有各種各樣的屬性：男人、河南人、農民工等等。變量是多種屬性的組合。前面討論過的戶口就是變數，其屬性有城鎮戶口和農村戶口；性別也是變數，包含的屬性有男性和女性。

屬性和變數之間的關係是社會學進行科學描述和解釋的核

心。還是前面的例子，我們用兩個變數、四個數字就可以描述全班學生的構成（**表1-2**）。可是當我們要解釋變數之間關係的時候，譬如解釋爲什麼來自城鎮的學生多於農村的時候，情況就變得異常複雜了，最簡單的解釋也需要我們瞭解城鎮學生和農村學生的高考志願填報狀況和不同戶口對社會科學各學科的態度與預期，也就是說，我們需要引入其他的變數來解釋這兩個變數之間的關係。當社會學家們試圖回答「爲什麼」的時候，常常需要把變數之間的關係分步驟進行處理，首先要確定一個變數的變化與另一個變數的變化有關，譬如受教育程度與犯罪率的關係，透過比較受教育時間的長短與犯罪率的高低來確定兩者之間是否有關係，如果受教育時間縮短伴隨的是犯罪率上升，那麼我們就確定兩者之間有關係。其次還要確定兩者之間的關係是一種什麼樣的關係，譬如是否受教育時間短暫就導致了犯罪，其中就要涉及一系列的邏輯實證。在這個過程中，社會統計學扮演了重要的角色，由於社會現象很少只受單一變數的影響，因此，對具體現象的分析往往要涉及多種變數，而在多變數的分析中，社會統計學是最有效的手段。

　　儘管科學的描述與解釋使用的是變數關係，但變數的來源卻是概念。在社會學中，概念是對同類現象的抽象概括。舉一個例子，「同學」就是一個概念。當有人說「他是我同學」的時候，人們已經明白，他們兩人曾經在一個教室裏上過課，因爲這是人們對「同學」的一般定義。但對於社會學的研究而言，這樣的概念並不能夠告訴我們更多的資訊，我們的疑問是偶爾一次也算是同學？還是說共同上過一門課程，或者同班、同年級才算是同學？對這些問題的回答，在社會學研究中被稱爲概念的「操作化」，目的是將一個含義不是十分清楚的概念變

成可以測量的概念。當把可以測量的概念運用於社會學的資料
蒐集和分析的時候，就被稱之爲「變數」了。

也正是在把人們日常的模糊印象、觀念和概念進行操作化
的過程中，社會學家獲得了觀察社會的基本手段：對變數的測
量。也正是在對變數的測量中，來自具體社會現象中的數字被
賦予了科學的意義。數字之間關係的社會意義，構成了社會學
解釋的重要基礎。

一般而言，獲得具有科學意義的數字和對數字之間關係的
社會意義進行解釋，通常要經過幾個階段：

首先要弄清楚被研究的問題。舉例來說，我們希望瞭解戶
口因素對高考學生選擇社會科學的專業具有怎樣的影響，這就
是一個可以研究的問題；如果說我們希望研究城鄉差別與高考
志願之間的關係，情況就複雜了，甚至可以說這是一個不可以
研究的問題，因爲對「城鄉差別」的操作化就是一項不可能的
任務。

其次，我們要對兩者之間的關係進行系統的考慮，如不同
戶口的考生是如何選擇社會科學專業的，他們會考慮哪些因
素，在他們考慮的因素中，哪些會直接影響到他們對專業的選
擇。譬如，農村的考生是否會傾向於更加實用性的專業，城鎮
考生是否會根據自己的興趣進行專業選擇等等。

第三，對整個的研究過程進行詳細設計，包括如何蒐集資
料，如何分析資料，如何在不同的變數之間建立關係等。在這
個例子中，我們就要考慮，中國有三十二個省區，我們是局部
地做？還是全面地做？經費是否足夠？在什麼時間做？如何獲
得樣本？如何使樣本具有代表性？運用什麼樣的手段蒐集資
料？如何檢驗資料的可靠性和準確性？如何整理資料？用什麼

樣的策略分析資料？在什麼樣的層次上運用分析的結果去作結論？諸如等等問題，都需要進行認眞的思考。

第四，蒐集資料。在這個例子中，假設我們只考慮XX大學的社會科學專業，而且只採用問卷的方式蒐集資料，此外還假設我們已經獲得了樣本清單，我們就要把問卷按照樣本清單進行發放，並規定回收的時間和方式，而且透過各種方式保證絕大多數的問卷能夠回收。

第五，整理資料，並根據第二階段的思考對資料進行分析。譬如，分戶口對影響考生專業選擇的因素進行多變數統計分析，然後再比較不同戶口的影響因素；或者採用其他方法，如把戶口作爲一個二分變數，分析在所有涉及專業選擇的影響因素中，戶口的影響到底有多大。

第六，解釋結果的社會意義。從問題出發，透過分析（無論是什麼樣的分析），我們要解釋的是戶口對考生的專業選擇到底有什麼樣的影響，明確地解釋戶口與專業選擇兩個變數之間的關係，譬如有或者沒有、有多大和有什麼樣的關係等等。

第七，處理研究的成果。儘管在最抽象的意義上，社會學研究的目的就是進行科學探索和知識積累，但是每個具體研究卻有具體的目的，處理的方式也不相同。如果根據是否發表來分類，就只有發表和不發表兩種處理方式。許多的研究成果的確是以發表爲目的的。研究成果的發表一方面是把自己的思考提出來讓所有有興趣的人檢驗，另一方面是作爲未來自己和他人進一步研究的基礎，這就是知識積累。

不過，有人認爲社會學工作者出版自己研究成果的目的在知識積累之外，把出版的數量和質量當做確立學術地位的最重要的標準。在西方人的眼裏，社會學與其他所有學科一樣，

「要麼發表東西，要麼就銷聲匿跡」，這不是一句口號，而是代表一部分人的生活方式。

當然，也有一些研究成果並不是以發表為目的的，譬如評估研究。針對某項政策或者社會專案的評估研究，目的並不在於發表研究的成果，而在於改善政策或者項目，進而改善人類的生活質量和人類的生存環境。因此，是否發表並不重要，重要的是是否能夠為改善的目標做貢獻。正因為如此，有些成果甚至不宜公開發表，譬如涉及國家安全的研究成果就不宜公開發表。

1.4　獲得數字的基本方法

在社會學研究中，獲得資料的方法非常多，從做「有心人」的觀察到系統、複雜的普查，從簡單的訪問到深入細緻的訪談調查，從檢視文獻、檔案到控制實驗，都可以為具體的研究問題所用，譬如本講開篇的課堂調查就是獲得資料的一種方法。

實際上，無論採用多麼簡單或者多麼複雜的方法，都離不開人的感觀。眼睛和耳朵是獲得資料的基本器官，其他所有的方法都是這兩種器官感知的延伸。為了便於理解，下面我們從最直觀的方法開始，介紹一些社會學研究最常用的方法。

人感知世界的第一器官就是眼睛。為了瞭解和解釋社會現象，社會學家發展了一整套運用眼睛來蒐集資料的方法，我們稱之為「觀察法」。

首先要說明的是，雖然社會學研究的觀察與日常觀察一樣都要運用眼睛來瞭解希望瞭解的事物，但兩者的不同在於，日

常觀察都是圍繞瑣碎的目的，譬如服裝的流行款式、天氣的變化和人的氣色；但社會學的觀察卻是系統地考察某個具體的社會現象。舉例來說，如果研究者要瞭解農民工的日常生活，就要對某個具體的農民工群體進行一定時段（也許是一個星期或者幾個月）的細緻觀察，把他們每天二十四小時的活動瞭解清楚。如果要研究人們對某個產品的購買行為，就要到具體的場所對光顧該產品的所有人員進行觀察，詳細記錄所要瞭解的具體項目。因此，為了滿足研究的要求，研究者必須制定嚴格的觀察程序，系統地觀察研究對象，並進行詳細的記錄。

　　另一個重要區別就是，為了進行系統的觀察，研究者要運用一定的、能夠觀察到研究對象的場所，而且不能對觀察對象實施任何干擾。還是上面的例子，在觀察農民工日常生活的時候，我們必須到農民工生活的場景，譬如工地中去，否則我們將無從瞭解農民工的日常生活；但同時，又不能因為我們的觀察活動而使得農民的日常生活有任何的改變，否則我們所觀察到的就不是真實的現象，而是「表演」，自然也不能達到研究的目的。

　　為了理解的方便，研究者們從不同角度將觀察劃分為幾種類型。譬如根據是否是人為場景的觀察將觀察活動分為實驗室觀察和實地觀察。許多研究都要採用人為場景（場景本身成為變數或在場景裏的活動成為變數），譬如實驗室對接受實驗的群體和作為對照的群體（關於這兩個群體的意義，參閱稍後的討論）進行細緻的觀察，透過比較實驗群體和對照群體的觀察結果來探討實驗因素的影響。舉例而言，如果我們要瞭解不同辦公區域佈局對工作效率的影響，我們就可以將原來在同一個辦公空間的人群隨機地分為兩個組，一個組在原來的辦公區域佈

局中繼續辦公，另一個在新辦公區域佈局中辦公，透過比較人們辦公行為的變化，進而探討對辦公效率的影響。這樣的觀察就相當於把辦公室當做實驗室來對人們的行為進行系統的觀察。

與之相對應的是，研究者需要到研究對象的具體場景中去觀察，這就是所謂的實地觀察。前面討論的對農民工日常生活的觀察就是一種實地觀察。成功的實地觀察最典型的例子就是費孝通的《江村經濟》。一九三六年，費孝通在江蘇省吳江縣開弦弓村進行了幾個月的實地觀察，後來根據觀察所得，寫成了《江村經濟》，系統地分析了開弦弓村農民的日常生活。

此外，研究者們還依據是否參與到所研究的社會情景中，把觀察分為參與觀察和非參與觀察。顧名思義，參與觀察就是研究者參與到所研究的社會情景中，變成所研究群體中的一員，並試圖用群體成員的眼光來瞭解所研究的社會群體。在這樣的研究中，還可以根據是否在被研究場景中公開研究者的身分，而分為公開性的參與觀察和隱蔽性的參與觀察。

實際上，在參與觀察中，研究者面臨嚴重的兩難選擇。如果採用公開性的參與觀察，研究者就必須考慮「霍桑效應」對研究結果的影響。二十世紀三〇年代早期，一批研究管理的學者對西部電器進行觀察，探討影響生產效率的因素。其中的一個觀察項目就是測試工作場所照明狀況對生產效率的影響。經過一段時間的觀察，研究者發現，無論是增加工作場所的照明，還是減少工作場所的照明，生產效率同樣增加。研究者們感到蹊蹺，透過訪談才發現，效率之所以提高並不是因為照明條件的變化，而是因為工人知道有人在對他們進行觀察。這就是所謂的「霍桑效應」。如果不公開而採用隱蔽性觀察，研究者

又面臨嚴肅的道德問題：為了觀察研究對象，研究者是否有權欺騙被研究者，並且侵犯他人的隱私？實事求是地說，這樣的兩難在社會學界已經爭論了許多年，而且還會繼續爭論下去。

非參與觀察就是研究者不參與到所研究的社會活動和社會情景之中所進行的觀察。譬如，對某個十字路口人們過馬路行為的觀察，就沒有必要讓研究者也像被研究對象那樣在馬路的十字路口走來走去。

除了利用自己的眼睛以外，研究者還可以利用他人的眼睛，甚至耳朵，最典型的方法就是問卷調查，這也是社會學研究中使用得最普遍的方法之一。問卷方法適宜於瞭解人們的意見、態度和行為。

如何實施問卷調查呢？讓我們舉一個前面已經有所討論的例子。如果要探討戶口類型與專業選擇的關係，首先我們必須要確定我們研究的範圍，或者說識別調查總體，是要調查全國的、某個地區的，還是某所學校的。這裏，讓我們假設我們只希望調查某所學校。

接下來，我們必須確定的是，是要調查所有的社會科學專業的學生，還是從中抽出一部分樣本來進行調查。假設XX大學社會科學本科學生四個年級的總人數為四千人，顯然對四千人進行問卷調查需要相當的花費。從問卷調查發展的歷史來看，只要有足夠的有代表性的樣本，根本就沒有必要進行普查式的、針對每一個對象的調查。現在的問題是如何選擇足夠量的、有代表性的樣本。在這裏我們可以分專業和年級來進行隨機抽樣。當然，抽樣是一門專門的技術，我們不可能在這裏進行細緻的討論。但是我們可以告訴大家一個簡單的事實，在美國每四年針對總統選舉的調查中，透過調查對選票的預測與各

候選人的實際得票率的最大差距不過2-3%（偶爾的失誤除外），絕大多數情況下與實際的得票率基本一樣。在這樣的調查中，所使用的樣本量不超過二千，而選民的人數大約爲九千萬。

在獲得了樣本之後，研究者就要將精心設計的問卷透過適當的方式交給被調查對象，待完成之後收回來，這就獲得了我們所需要的原始資料形態。關於問卷設計、問卷測試、問卷發放與回收和問卷可靠性檢驗的各種方法，也屬於專門的技術，需要專門學習和訓練。這裏，我們只需要瞭解這個過程必須按照嚴格的程序執行和完成並儘量回收每一份問卷和使每一份回收的問卷成爲有效問卷就可以了。

回收問卷只是獲得了分散的資料，如果要獲得可以使用的資料，就需要把所有問卷的資料變成集合式的資料，譬如得到所有有關某個變數的資料，這就需要對資料進行整理。整理的方式也是多種多樣，也是一門專門技術。不過最普遍的方式還是利用電腦，將資料變成各類統計工具都可以使用的資料格式。到此，問卷調查的資料蒐集工作才算完成了。

第三種蒐集資料的方式就是文獻調查，也稱之爲「第二手資料分析」。蒐集實地的資料只是社會學研究的一個方面，另一個重要的方面就是蒐集已有的資料，對已經存在的文獻進行蒐集整理和分析。一個最典型的例子就是托馬斯（W. I. Thomas）和茲納尼茨基（F. W. Znaniecki）的《波蘭農民在歐洲和美國》。

只要我們是一個社會學的有心人，實際上我們從媒體、各種私人文件、組織檔案和歷史文獻中都能夠找到大量的研究資料。一個最典型的這類資料就是中央政府每十年進行一次的人

口普查,在普查表中包含了許多可以用於社會學研究的資訊,譬如年齡、性別、教育程度、家庭人口及其關係構成和職業等等。還有,如各級政府每年都要出版的統計年鑑,就包含了各種社會資訊,如受教育人口的變化、家庭收入的變化和職業人口的變化等等。

不同於實地資料的是,對文獻資料的分析既可以採用定性的方法,如歷史分析、過程分析,也可以採用定量的方法,如內容分析。人們經常會引用的內容分析例子就是多種對媒體內容的系統探索,譬如有人曾經詳細地考察了不同時期電視節目中對男性和女性的描繪;也有人系統分析了電視節目插曲的變化;還有人仔細研究了賀卡上表達愛情的頻率和方式,不一而足。

除此以外,還有其他的蒐集資料的方法,如訪談、實驗和評估等,而且這些方法之間也不是截然分開的,在具體的研究中,往往是多種方法混合使用,而不局限於使用一種方法。在問卷調查中也可以使用訪談方法來獲得問卷方法無法企及但對研究目標非常重要的資料;在實地觀察中,也可以採用簡單的問卷來瞭解一些態度、觀念等方面的資料,進而獲得對研究群體的總體瞭解。

這是因為,任何一種具體的方法都有特定的局限性。就觀察法而言,無論採用什麼形式的觀察,都難免會遇到困境,特別是在融入了被觀察的人群以後,就很難保持研究甚至觀察本身的客觀性;還有,如果不輔助以其他方法,僅靠觀察方法本身就只能獲得人們行為的表觀性資料,對於其他資料就無能為力了。

就問卷調查而言,儘管問卷調查能夠獲得某些方面的、大

量的準確資料，但是另一些方面資料的準確性就不一定了。舉一個例子，讓民眾填寫他們對農民工的態度，就不一定每個被調查對象都能夠如實地表達自己的眞實想法。如果人們不能表達自己的眞實想法，調查也就失去了意義。還有，關於某種現象的深層歷史或過程，我們就不能透過問卷的方式獲得，而必須求助於其他的方法，如深度訪談。

就文獻調查而言，一個重大的局限就是我們只能根據既有的文獻來進行研究，而且對文獻資料的信度測量也是一個費時費力的過程。文獻資料另一個局限就是資料的可及性，當我們追蹤某個社會現象時，卻突然發現資料出現了缺陷，如不存在、殘損和保密。

因此，正確瞭解每種方法的長處和短處，根據具體的研究問題來選擇適當的蒐集資料的方法，不僅需要訓練，也需要經驗。積累經驗最好的方法就是不斷地從事科學研究，從實踐中進行知識的積累和創新。

1.5　賦予數字以科學的意義

獲得數字的過程雖然也是研究的一部分，但不是研究的全部。前面的討論已經非常清楚地說明，數字並不等於意義本身，而要獲得數字的意義，就需要對數字的社會含義進行挖掘，尋找變數之間的關係，這是社會學研究工作的攻堅階段。

探討數字的科學意義並沒有什麼妙方，如果眞的有什麼固定的、成型的和模式化的方式，那麼社會學就不成其爲一門科學，而是一門技巧了。在這個意義上，對數字科學意義的探索

就成為科學本身。當然,這並不是說,對數字科學意義的探索是隨意的、無規律可循的。如果果真如此,社會學就變成藝術而不是科學。事實上,對數字科學意義的探討也有一些共同的策略,如基本分析、比較分析和反覆分析。

當我們獲得了基本的資料以後,就要對數字的基本狀況有一個總體的瞭解。還是用戶口與社會科學專業選擇的例子。現在假設回收後的問卷已經經過整理,並建立了可以用於定量分析的資料格式。此時,我們就可以對數字的狀況進行總體性瞭解。

舉例來說,我們希望知道農村戶口學生選擇某個社會科學專業的狀況,假設在回收的有效問卷(三千六百份)中,有一千二百份屬於農村戶口,我們需要知道的就是,在一千二百人中,有多少人選擇了哪個專業。在概括性的研究中,我們把這樣的分析稱之為「分布」分析。

接下來假設我們希望瞭解一千二百人的年齡狀況,就涉及到集中趨勢分析和離散趨勢分析。所謂集中趨勢,在這裏是一千二百人的年齡向某個年齡集中的狀況,包括平均年齡和接近平均年齡的人數(社會統計分析中常常用中位數、眾數來表達)。

平均數的優點就是將原始資料簡化為最易操作的形式:用一個數字(或屬性)來表示某變數的基本狀況,譬如農村學生的平均年齡小於城鎮學生,就會引導我們探討是因為農村初等教育的學制短,還是因為農村學生入學早,或者兩者都有。但同時,它也掩蓋了資料的原始分布狀況。為了彌補這一點,研究者們提出了另一種瞭解概括性的方法,這就是「離散趨勢」。最簡單的離散測量是極差:最大值與最小值之間的差距;較為

複雜的離散趨勢分析就是「標準差」分析。此外，還有一些測量離散趨勢的方法，如四分位法。

如果不是定量資料，也需要對蒐集到的資料進行總體瞭解。在理念上，對非定量資料的概括性研究與定量資料是一樣的，可以採用的基本方法就是分類。分類的標準就如同定量數據中變數選擇一樣，不同類別資料的狀況，事實上也表達了集中或者離散的趨勢。

在獲得了對資料的概括性理解之後，就可以採用更加具體的分析方法如假設檢驗、詳析和比較分析。就比較分析而言，雖然大多數社會學研究都多少包含了一些比較，但當把比較分析作為主要分析策略的時候，一般指的是包括可比變數之間的比較。在前面的例子中就可以將城鎮戶口群體與農村戶口群體對社會科學各個專業的選擇進行比較；也可以以具體的社會科學專業為單元，對城鎮和農村戶口群體進行比較。除了比較同一個時期的群體以外（被稱為截面資料比較），還可以跟蹤某個群體的歷史變化（被稱為同期群比較），如比較某個年級畢業生在畢業後十年、二十年的社會生活；也可以對某個社會科學專業學生歷年的戶口狀況進行比較。當然，研究者還可以進行以事件為主軸的歷史宏觀比較，一個典型的例子就是斯科奇波爾（Theda Skocpol）對中國、法國和俄國革命的比較。

除此以外，具體的分析策略還有很多，每種策略的應用都與具體的資料狀況和所要論述的問題有關。針對具體問題的分析常常會不局限於一種分析策略，大多數的情況下，對資料的分析會用到多種分析策略。

無論採用什麼樣的分析策略，社會學研究的目的之一就是透過賦予數字或資料以科學的意義來增進人們對社會的瞭解，

並獲得知識的積累，而賦予數字意義的基本功就是費孝通所說
的社會調查。

2. 社會之學

　　群學何？用科學之律令，察民群之變端，以明既往、測方來也。肄言何？發專科之旨趣，究功用之所施，而視之以所治之方也。

　　　　　　　　──嚴復《群學肄言·譯序》

　　嚴復（又名宗光，字幾道、又陵，1854-1921），中國近代啟蒙
思想家、翻譯家，是傳播社會學的先驅者。

　　社會學家經常要面對的一個難題就是，很難用簡單的話向人們解釋什麼是社會學。出現這種難題的原因不是社會學本身有多艱深、多複雜，以至於其基本道理無法用簡單的語言來表達；而是恰恰相反，社會學離我們的日常生活、工作和學習太近，社會學研究的對象大都是伴隨在我們周圍的日常社會現象，有些現象在一般人看來簡直就是司空見慣，再平常不過了，或者簡直就沒有什麼意義。問題是，恰恰就是這些日常生活中很容易被人們視而不見的社會現象，構成了社會學研究的基本對象，構成了社會學家的基本興趣點，譬如一些經典的社會學研究議題像自殺、愛情、婚姻和家庭，還有如教育、信仰、宗教、勞動、經濟生活和權力等等。因此要把一般人認為沒有道理可講或者不需要講道理的事情說出一個道理來，並且證明人們的許多日常觀察和習以為常的事物是可加置疑甚至根本就有問題，不是簡單的一兩句話就能夠讓人們信服的。

　　上一講我們透過一些具體事例，試圖說明社會學研究在思路上的特點，說明了數字或者資料與社會學研究之間的關係，尤其是針對一些人把數字本身當成社會學，甚至把蒐集數字當作了社會學研究的誤解，討論了一定要把數字放到社會中去，賦予數字以社會的、科學的意義，並且用數字解釋社會現象，那才是社會學家的思路和社會學的研究。同時，我們也留下了兩個問題，那就是把社會學等同於哲學，或者把社會學視為講故事。這一講，我們試圖透過回顧社會學的發展歷程和比較社會學與鄰近學科的關係來進一步探討社會學的基本特點，並結合第一講，為讀者提供社會學的學科形象。

2.1　從哲學中脫胎

一個學科的誕生總有其特定的歷史背景，社會學也不例外。當孔德（Auguste Comte, 1798-1857）在《實證哲學教程》（1838年）第三卷中使用「社會學」這個概念的時候，他面臨著社會和個人的雙重困境。

十八世紀末的法國，國王路易十六所代表的第一等級（僧侶）和第二等級（貴族）與廣大的第三等級（平民）之間的矛盾日益尖銳。一七八九年五月，國王被迫召集三級會議，繼而改為國民議會和制憲議會。七月十四日巴黎人民起義，攻佔巴士底獄，革命爆發。八月二十六日制憲會議通過《人權宣言》。

革命初期，代表大資產階級和自由派貴族利益的君主立憲派取得了勝利，產生了《一七九一年憲法》，要求維護君主立憲政體，反對繼續革命。但占法國人口大多數的平民並沒有在革命的勝利中分享成果。一七九二年八月十日，巴黎平民再次起義，推翻君主立憲派的統治，逮捕路易十六國王。九月二十一日召開國民公會，次日宣布成立法蘭西共和國。但這次上臺的是代表工商業資產階級利益的吉倫特派，他們也不願意繼續革命，同時也反抗歐洲君主國家的武裝干涉。

一七九三年五月三十一日巴黎平民第三次起義，推翻吉倫特派統治，頒布《雅各賓憲法》，廢除封建所有制，平定吉倫特派叛亂，粉碎歐洲君主國家的武裝干涉，但仍保持反勞工的《列·霞飛法》和《農業工人強迫勞動法》，並鎮壓其他派別的反抗，這就是雅各賓派的革命專政。

不滿意專制的各派別不久就走向分裂和內訌，內部的混亂加上外部由各封建郡主組織起來的反法聯盟的圍剿，使得雅各賓政府岌岌可危。一七九四年七月二十七日「熱月」政變，雅各賓派倒臺，熱月黨人成立了新的革命政府，他們清除了雅各賓的激進與恐怖專政，建立了資產階級的共和政體，但此時反法圍剿並沒有結束。在對付反法圍剿中，拿破崙在「霧月」政變中結束了熱月黨人的統治並執政。

資產階級的勝利標誌著舊制度的結束和新時代的開始。托克維爾（Alexis de Tocqueville）在他的《舊制度與大革命》中極力證明只有法國大革命才能掃除流弊、解放平民。同時他也尖銳地指出，大革命恢復了舊制度的全套政府機器，並建立了比舊專制制度更合邏輯、更加平等、但肯定也更爲全面的專制制度。

法國大革命的影響是深遠的，有人說大革命對憲政秩序的影響大約持續了一個世紀，對經濟的影響則是災難性的，而對社會的影響更是廣大，尤其是資產階級登上歷史舞臺和大革命的精神（自由、平等、博愛）簡直就是現代社會的靈魂。

儘管我們今天可以在各種情形下奢談大革命的各個方面，但是對於生活在當時的人而言，卻不得不面對革命所帶來的各種影響，社會學就是在這樣的環境下孕育的。一七九八年，孔德出生在一個中級官僚家庭，在上中學的時候，他就放棄了父母信奉的天主教，開始接受自由和革命的思想。可是在他進入巴黎綜合工科學校以後，他就開始體會到革命的殘酷了。一八一六年，王朝復辟政府懷疑巴黎綜合工科學校爲雅各賓派，將該校關閉，迫使孔德不得不在沒有畢業的情況下就開始謀生。

早期的生活體驗使得孔德終生都爲探討穩定、秩序社會的

可能性而努力，也爲孔德早期接受聖西門（Henri de Saint-Simon）的科學社會思想奠定了基礎。儘管聖西門並不瞭解科學，但他卻雄辯地論述了科學的重要意義（他的三部主要著作都與科學的主題直接相關：《十九世紀科學著作概覽》、《論萬有引力》和《論人類科學》），並認爲科學家在重新組織社會方面將發揮極爲重要的作用。一八一七年，孔德投靠聖西門，成爲他的秘書，在與聖西門的共事中，孔德逐漸接受了科學能夠改造社會的思想。一八二二年，孔德在《工業制度》上發表了《重組社會的必要的科學工作簡介》，正式提出了科學應該介入社會的重組，「科學家在我們的時代應當把政治學提高到觀察（經驗）科學的地位」。也是在這個時期，孔德認爲神學和尚武的社會正在消失，科學的和工業的社會正在形成，二者的矛盾正是社會動亂的根源。孔德認識到，從一種社會制度向另一種社會制度的轉變，永遠不可能是連續的和直接的，總有一個過渡的混亂狀態。但是如果把無政府混亂狀態的罪惡與舊制度的缺點相比，卻能在更大的程度上激勵或激發新的制度；而且在舊制度消滅以前，人們不可能對新制度形成任何適當的態度。因此只憑一次的革命是根本不足以改組危機中的社會的，智力的改革才是保證社會變革成功的條件。從這裏，孔德開始了他探討科學與社會關係的艱難歷程。

如果說法國大革命以後的紛亂社會是孔德思考科學與社會關係的誘致性因素的話，那麼孔德與聖西門的決裂和家事的不幸則是他渴望安定與安全社會的一種動力。一八二四年，孔德由於與聖西門之間發生著作署名問題糾紛而與聖西門決裂。對此，孔德認爲，和一個道德敗壞、玩弄手段的人的有害聯繫，對他造成了令人不快的影響。就在他與聖西門決裂一年之後，

他卻寬容地與一個從良的妓女結婚，由此構成了他自己認爲的「一生中犯過的唯一眞正嚴重的錯誤」，原因是這位元夫人多次出走，一八二六年還導致了孔德患精神病而住進醫院。

在這樣的環境中，孔德試圖用他的實證哲學來解決問題。一八三〇年《實證哲學教程》第一卷出版，歷經十二年全部出完。在《實證哲學教程》中，孔德繼續了他早期關於科學與社會關係的思想，並使之成爲更加系統的「哲學」，其中最重要的就是他提出了三階段規律和科學分類。孔德認爲，人類精神的發展經歷了三個階段。第一是「神學的」階段，人類把一切事件都歸因於生命體和與人類相似的力量；第二是「形而上學的」階段，人類乞靈於抽象的實體如大自然；第三是「實證的」階段，人類認識各種現象，並找出現象之間的聯繫和支配現象的規律。在孔德那裏，這三個階段並不是同時發生的，而是繼替的、發展的和進化的。而且三個階段的界定只有與科學分類相結合時，才能獲得實質性的意義。

與人類社會發展的三個階段相一致的是人類的智力系統。爲此孔德提出了一個分類表，根據「一般性不斷減少，相互依賴性和複雜性不斷增加」的進化路徑，對科學作了分類，並認爲這個分類系統不僅是一種邏輯分析，而且也爲歷史所證明。譬如，數學是所有科學的基礎，是最具有一般性的科學，在歷史上也最早成爲「實證的」科學。接下來就是天文學、物理學、化學和生理學，而最後一門科學是「社會學」，也是所有學科的統領學科。

從這裏我們也能夠看到聖西門對孔德的影響，同時我們也發現，在科學發展的觀點上，我們很清楚地看到了孔德的貢獻。聖西門認爲在最後一個發展階段，哲學變成了拒斥所有不

可證實的東西意義上的「科學的」哲學。但是在孔德看來，把「社會學」確立爲「實證的」科學還不是最終階段，而只有在一切知識都是「實證的」和渾然一體的時候，才進入了科學發展的最後階段。也只有到了這個階段，人類才能夠認識和理解人和社會的問題與需要，才能瞭解改造和改善人與社會現狀的步驟。

因此，孔德的社會學已經從啓蒙時代的哲學中脫胎出來，成爲一門經世之學，社會學就是要「按照唯一的目的，合理地協調人類的各種行動」。同時他也看到，要完成這樣的協調，必須具備一個條件，那就是全部的社會成員能夠接受實證哲學，並成爲一個協調一致的整體。在這樣的基礎上，孔德描繪了重建法國社會和一般人類社會的宏偉藍圖：建立一種道德共識，建立「人道教」，相信科學而拋棄信仰和教條。◂

需要注意的是，孔德雖然把社會學從純粹的哲學中脫胎了出來，而且強調社會學的物理學性質，但是《實證哲學教程》的論說仍然是哲學式的，仍然在運用演繹的方式闡發對科學、社會以及兩者關係的哲學思考，與傳統哲學不同的是，孔德所討論的對象更多的是社會，而不是人和人性；更多的是重組社會的構想，而非柏拉圖《理想國》式的散論。所以孔德的社會學仍然殘留著哲學的身影，思辨與演繹仍然是討論問題的主要方法。眞正使社會學從哲學裏換骨的是孔德去世以後的另一位法國學者涂爾幹。

2.2 涂爾幹的貢獻

涂爾幹（Émile Durkheim, 1858-1917）生於一個猶太教士家庭，與孔德不一樣的是，涂爾幹的一生都比較順利。他中學畢業以後通過會考進入了巴黎高等師範學校，後來又在德國受教於馮特（Wilhelm Wundt），一八八六年開始發表文章，一八九七年即被任命爲教育學和社會科學教授，按照阿隆（Raymond Aron）的說法，涂爾幹是典型的法國大學裏培養出來的哲學家。

與法國學者和學術入世的傳統相一致，涂爾幹所思考的中心問題也是社會的安定與和諧。但與孔德不同的是，孔德思考的是社會作爲整體應該如何，思考的是怎樣重組社會才能夠使社會免於動盪和混亂，思考的是一個龐大體系；而涂爾幹採用的卻是完全不同的研究路徑。儘管涂爾幹接受正式教育的年代哲學仍然受寵，但是涂爾幹的老師們卻並不都是哲學家，在巴黎高等師範學校的時候，涂爾幹的老師庫朗熱（Fustel de Coulanges）是一位歷史學家，布特魯（Emile Boutroux）是一位科學哲學家；在德國的時候，馮特是一位心理學家，也是近代心理學的創始人。也許這樣複雜的教育背景讓涂爾幹體會到了什麼，儘管在《社會學主要思潮》中阿隆極力要證明涂爾幹仍然是一位哲學家，但是涂爾幹的著作已經向我們證明，是他把社會學從哲學中換骨的，並使其成爲近代社會科學中的一個獨立學科。

涂爾幹的第一個重要貢獻就是讓社會學研究具體的社會現

象。他的第一部重要著作就是他的博士論文《勞動分工論》。在
這部著作裏，涂爾幹討論的基本問題是個人與集體的關係。機
器工業的發展越來越要求細緻的勞動和職業分工，在這樣的條
件下，怎樣才能使掉入專業化陷阱的人在精神和道德的層面保
持協調和一致，進而使社會保持整合的狀態呢？

　　涂爾幹在著作中使用了一個分類：機械團結和有機團結。
當社會的成員具有很高的同質性、個體之間的差異不大、人們
有著共同的生活基礎、分享共同的道德準則和意識形態的時
候，人們之間很自然就是一致的，沒有理由去尋找另外的使人
們協調一致的東西，人們共同的生活基礎就是社會團結的紐
帶，這就是機械團結，農業社會就是這種社會協調機制的典型
代表。

　　可是當機器工業開始滲透到人們的社會生活以後，人們不
再幹同樣的活，也不再因此有同樣的生活基礎，並且不再分享
共同的道德準則和意識形態，個體之間開始分化，個體之間的
差異影響到人們之間的協調一致，社會必須有使差異在社會的
層面上保持協調和一致的機制，這就是有機團結，使得差異就
像是有機體上的器官，一方面各自發揮各自的功能，另一方面
又要變成有機體不可缺少的一部分。

　　無論是哪一種形式的社會整合，都有所謂的道德和精神層
面的一致，這又是什麼呢？不是具體的道德，不是具體的宗
教，也不是具體的信仰，涂爾幹稱之為「集體意識」，也就是
「一般社會成員共同的信仰和情感的總和」。在《勞動分工論》
裏，涂爾幹特別論述了「集體意識」的特徵，在他看來，儘管
集體意識是社會成員共同的東西，但卻並不等於個體信仰和情
感的簡單相加，集體意識外在於個體，擴散於整個社會空間。

個體會消失，但集體意識不會。因此，「集體意識是社會的精神象徵，有著自己的特性、生存環境和發展方式」。在這裏，涂爾幹找到了社會的、而非個體的東西。

在這個意義上，對於社會學而言，《勞動分工論》的貢獻就不僅僅在於提出了三個重要的概念，而是將社會學引入了對具體社會現象的分析，而不再陷入哲學的思辨與冥想，這是換骨的第二個階段。

第一個階段是他一八八八年在《哲學雜誌》上發表的〈自殺和自殺率〉的文章，也是一八九七年出版的《自殺論》的基礎。在這篇文章中，涂爾幹就試圖將個人的自殺現象與一個社會的自殺率區分開來。一方面他強調無論以什麼樣的方式（直接或間接的），無論是什麼理由（積極的或消極的），只要人們知道某個行為將會導致生命的結束並且實施了這樣的行為，都是自殺；另一方面，對社會而言，在統計的意義上，自殺率具有相對的穩定性。這就提出了一個非常有趣的問題，為什麼人們的不可預見的自主行為會形成穩定的社會現象？涂爾幹認為，兩者之間一定有什麼聯繫，而且這樣的聯繫不是心理的，不是生物學的，也不是經歷式的，而是社會的（這就是後來《自殺論》的基本思路）。摒棄對個人自殺的故事式解釋，也摒棄針對自殺率的數字遊戲，而把他們看做是社會的現象或事實，並用社會的原因來解釋。這就是涂爾幹所確立的社會學研究的方法論。

就在涂爾幹完成博士論文答辯以後的第三年（一八九五），他發表了《社會學方法論》，這幾乎就是社會學的獨立宣言，使社會學成為有自己方法論的學科，進而從哲學和社會哲學中徹底地完成了換骨。涂爾幹相信，社會包含著比個體成員單純的

行為和利益更豐富的內容，由此，社會學有和其他學科截然不同的研究對象，那就是社會現象；同時，社會學也有不同於哲學的研究理念和方法，那就是將社會現象當做客觀物體進行研究，擺脫先驗論的觀念和成見，追隨科學的理念，就像物理學研究物質世界的規律一樣，從外部去觀察社會現象。

那麼，什麼是社會現象呢？涂爾幹有一個簡單的標準，對個人可以施加外在壓力的任何固定或不固定的東西，也就是一個社會中普遍存在的、不以個體意志為轉移的和獨立存在的任何東西（行動方式）。社會事實外在於個體的行動、思考和感覺，它的另一個特性是它對個體施加一種強制性的力量。如果說人們不承認社會事實的強制性，那是因為人們通常會自願地按照某種模式的要求去做，並相信自己的行動產生於自我選擇。涂爾幹論證說，事實上，模式就是約束，約束來自於社會事實，社會事實能以多種方式限制人類的行動，從針對犯罪的懲罰、某些行為的拒絕（如粗魯行為）、甚至對語義的誤解，都是社會事實強制性的表現。

簡言之，只要是對個人產生強制作用的就是社會現象。儘管後來人們對涂爾幹的「強制」產生了歧義和爭論，但是我們仍然可以觀察到，今天社會學研究的主題如制度、組織、婚姻、家庭和社會規範等等的確具有「強制性」。

當然，涂爾幹也承認研究社會事實並不是容易的事，譬如很多社會事實並不能直接觀察，因為看不見、摸不著。但這並不意味著不能研究，人們可以間接地分析社會事實的效果，或者考慮社會事實的表達方式，如法律、宗教條文和書面的行為準則，進而揭示社會事實的特性。

在研究社會事實時，涂爾幹強調了研究社會現象的一些基

本原則，譬如對社會事實的觀察不能介入一般的道德觀念甚至任何先入為主的觀念；不能使用內省法，因為內省只能用於認識精神領域，而社會學要認識的是超精神的領域；注重社會現象中穩定的、規律性的東西；注重社會現象中的「非人格」層面等。

　　簡單地比較涂爾幹和孔德，我們就可以發現，涂爾幹的社會學不再是關於道德、正義、價值觀的爭論，而是針對了具體的社會現象或社會事實；不再是邏輯的批判和思辨的論證，從《勞動分工論》、《自殺論》、《事實判斷和價值判斷》和《宗教生活的基本形式》的論證方式來看，涂爾幹已經奠定了現在社會學的論證模式，透過對前人的批駁，用社會事實來論證自己的觀點，最後對社會現象進行社會學的解釋。

2.3　多元傳統

　　對社會學產生影響的顯然不止這兩位法國學者。根據阿隆的說法，在孔德時代，儘管馬克思（Karl Marx, 1818-1883）和托克維爾沒有直接使用「社會學」這個概念，但是他們的思想卻直接對後來的社會學研究產生了重要的影響；在涂爾幹的時代，帕雷托（Vilfredo Pareto, 1848-1923）和韋伯（Max Weber, 1864-1920）既使用了「社會學」的概念，也對社會學後來的發展產生了影響。也有人提出，在涂爾幹時代還有英國人史賓塞（Herbert Spencer, 1820-1903）、德國人滕尼斯（Ferdinand Tönnies, 1855-1936）和德國人齊美爾（Georg Simmel, 1858-1918）。

　　當然，這些都是一家之言。事實上，馬克思的影響是複雜的，不僅出現在社會學領域，而且在後來者的努力下產生了社會學中的衝突學派；也出現在經濟學領域，對經濟學的政治經濟學派的發展產生直接的影響；還出現在政治學領域，特別是後來的國家革命理論和階級鬥爭理論都直接接受了馬克思的遺產。

　　托克維爾的影響主要在政治學領域，特別是他的《論美國的民主》和《舊制度與大革命》對政治學的民主政體研究而言是一筆重要的財產，他關於多數人的暴政的觀點是人們探討民主政治時不可迴避的重要遺產。

　　同樣，在涂爾幹時代，帕雷托的影響主要在經濟學和政治學領域。帕雷托接受過工程師的訓練，又從事過商業活動。對經濟學而言，帕雷托留下了均衡理論和社會選擇理論，直到今天，「帕雷托最優」仍然是人們在談論選擇時經常使用的概念；對政治學而言，帕雷托崇尚的是精英主義，他把社會分為精英和非精英，占據統治地位的精英（也有一部分精英並不在統治地位上）透過強制和操縱公眾意志來維持權力。

　　儘管史賓塞、滕尼斯和齊美爾都以社會作為研究對象，而且每個人都對社會學的發展做出了重要的貢獻。譬如史賓塞的進化論、滕尼斯關於社區（Gemischaft）與社會（Gessellschaft）的區分、齊美爾的社會交往理論和關於社會學分析層次的觀點，都是重要的社會學遺產，但如果與韋伯比較，後者的影響仍然是最為深遠的。

　　從社會學後來的發展來看，如果採用簡單的對應方法，我們可以說孔德提出了社會學的概念，馬克思影響了衝突理論的發展，涂爾幹建立了社會學的方法論並影響了功能主義的發

展，韋伯從另一個角度建立了社會學的研究路徑，並對社會學的發展產生了多元的影響。

　　儘管出生的時間比孔德晚二十年，但和孔德一樣，馬克思也處於工業社會發展的早期，尤其是機器工業的蓬勃時期；和孔德不同的是，馬克思並沒有感受法國大革命的直接影響，但卻比孔德更多地感受到了機器工業給社會帶來的振盪，見證了工廠和工業產品的增長，社會財富分配的不公和由此產生的不平等。不過他們關心的是同樣的問題，即如何使社會成為人類的樂園。

　　在馬克思的論述中，儘管也討論過法國大革命，但基本的主題則是機器工業給社會帶來的影響，他最重要的著作如《一八四四年經濟學—哲學手稿》、《共產黨宣言》、《政治經濟學批判·序言》、《資本論》等都是直接剖析工業社會構成、問題及其解決之道的不朽名篇。《共產黨宣言》不僅宣告了無產階級的誕生，而且開宗明義地告白，無產階級就是資產階級的對立面，兩個階級的鬥爭就是工業社會的主旋律。

　　馬克思一生著述豐富，不僅有大量的報紙文章，也有鴻篇巨著，涉獵的範圍包括了經濟學、社會學、歷史學和哲學。不過我們可以從馬克思的眾多論述中找到一些共性，那就是馬克思把社會的基本關係看做是生產關係。在一八五九年出版的《政治經濟學批判·序言》中，馬克思指出：「人們在自己生活的社會生產中發生一定的、必然的、不以人們的意志為轉移的關係，即同他們的物質生產力的一定發展階段相適合的生產關係。這些生產關係的總和構成社會的經濟結構，即有法律的和政治的上層建築豎立其上並有一定的社會意識形式與之相適應的現實基礎。物質生活的生產方式制約著整個社會生活、政治

生活和精神生活的過程。」這就是馬克思關於社會的基本觀點，他把社會的基本關係看做是由生產力決定的生產關係，把生產關係的產物（經濟基礎）看做是社會制度（上層建築）的決定物；而在生產力與生產關係、經濟基礎與上層建築之間，又存在著辯證的互動關係。

在對人類歷史的分析中，馬克思又發現，在人類社會的生產關係中，階級對立是一個基本的關係。在《共產黨宣言》中，馬克思指出：「到目前為止的一切社會的歷史都是階級鬥爭的歷史，自由民和奴隸、貴族和平民、領主和農奴、行會師傅和幫工，一句話，壓迫者和被壓迫者，始終處於相互對立的地位，進行不斷的、有時隱蔽有時公開的鬥爭，而每一次鬥爭的結局都是整個社會受到改造或者鬥爭的各階級同歸於盡。」

在工業社會，資本主義生產關係所產生的是無產階級和資產階級的對立。在馬克思看來，資本主義是一種與先前各種經濟制度截然不同的制度，在這種制度中，資本家利用資本（任何資產，包括金錢、機器，甚至還包括工廠）把不占有資本的社會成員緊緊地攥在手裏，使之成為他們獲取剩餘價值、進行資本積累的工具。不占有資本的工人為了維持生活，不得不依賴於這樣的生產關係。因此馬克思認為，機器工業的直接影響就是，占有資本的社會成員構成了一個階級，他們統治和左右著社會的命運，而大多數只具備勞動力的人口則構成了一個依附資本提供的工作機會、掙工資的工人階級，或者說是勞動階級。隨著工業化的擴展，大量原本依靠在土地上耕作而自給自足的農民也加入了城市工人階級的隊伍，這就是無產階級。

對無產階級與資產階級關係的探討也為馬克思的歷史唯物主義提供了最好的論據。在馬克思看來，社會系統由於經濟制

度內部的矛盾而發生從一種生產方式到另一種生產方式的遷移，這種遷移有時是漸進地，而有時則是透過革命。從狩獵和採集的原始共產主義社會開始，人類社會的發展經歷了古代奴隸制度、以地主與農奴的區分爲基礎的封建社會、以資產階級爲主體的資本主義社會。

因此，與以往的任何制度一樣，資本主義仍然是一個由對立的階級構成的社會，階級之間的衝突仍然是一個普遍現象。雖然擁有資本的資產階級和需要生活的工人階級彼此依賴，與以往的社會一樣，這樣的依賴並不是一種穩定的關係，因爲這種階級關係的實質是剝削與被剝削的關係，工人雖然擁有勞動力，但爲了生活，卻沒有對自己勞動力的控制權，而資本家卻可以透過占有工人勞動的剩餘價值而獲取利潤。因此這種矛盾導致了依賴關係的不穩定，也預示了矛盾的結果將只能是一個階級推翻另一個階級，在馬克思看來，就像資本家聯合起來推翻封建制度那樣，資本主義制度同樣要被一種新建立的制度所取代。

馬克思相信，推翻資產階級統治的歷史重任只能由無產階級來完成，未來的社會將是一個沒有階級、沒有富人和窮人之間巨大差距的新社會。在這樣的社會中，不再有控制經濟制度和政治權力的少數人階級以及勞動價值被盤剝的社會大眾階級；社會財富將由社會成員共享；生產力將高度發展、生產效率將空前提高，進而保證社會財富的供給。

馬克思對工業社會的探討不僅對後來的社會科學（各學科）產生了重要的影響，而且指導了國際共產主義運動、俄國十月革命、中國革命以及共產主義思想的發展，影響了地球上三分之一人口的社會生活。

現在讓我們來看韋伯。在社會學的發展中，與涂爾幹提出社會學方法論同樣重要的是，韋伯提出了社會學的一些即使對今天的社會學家而言仍然十分重要的議題，而且提出了與涂爾幹有些差異的方法論。

幾乎與涂爾幹同時代的德國人韋伯與涂爾幹不同，涂爾幹一生致力於將社會學的特質顯現出來，並且始終堅持用社會事實解釋社會現象，研究的問題基本上局限於勞動分工、越軌和宗教；韋伯雖然也關注社會學作爲一門學科的發展，並且與滕尼斯和齊美爾等人聯合發起成立了德國社會學會，但他的興趣和關注點卻跨越了許多領域，主要著作如《宗教社會學論文集》（3卷，1920）、《政治論文集》（1921）、《經濟與社會》（2卷，1921-1922）、《科學論文集》（1922）和《社會學和社會政策論文集》（1924）等，涉及了經濟學、法律、哲學、比較史學、音樂以及社會學等諸多領域。在這一點上，他非常類似於馬克思。

事實上韋伯深受馬克思的影響，他也關注由機器工業所帶來的社會變遷，但他卻對馬克思的主要觀點給予了強烈的批判，譬如他反對馬克思的歷史唯物主義，也不認爲階級鬥爭是推動歷史前進的動力。韋伯儘管也承認經濟因素的重要性，但是與馬克思相反的是，韋伯認爲人的意識並不只是被動的社會存在的反應，也不是對社會變遷沒有影響，人的意識也能夠對社會和社會變遷產生作用，其影響並不會亞於經濟因素。

那麼如何研究人的意識（包括了價值觀、思想和信仰）呢？與涂爾幹關注社會事實不同，也與馬克思關注社會存在不同，韋伯不相信存在外在於或獨立於個體的結構，韋伯提出，可以透過人的行動來考察人的意識，因爲個人有能力自由行

動，社會結構是由行動之間複雜的關係形成的，所以社會學需要關注的是人的社會行動和行動背後的意義，而不是社會結構。

　　爲了理解由價值觀念和文化所影響的社會行動，韋伯創立了一種分析方法，即理想類型。舉一個例子，什麼是家庭的理想類型。家庭既是一種社會組織，也是一種社會制度，社會中的家庭沒有兩個是完全相同的，那麼人們怎樣理解家庭呢？按照韋伯的理想類型，每個社會對家庭都有一個構想，這個構想就可以被作爲家庭的理想類型，譬如在中國的一些地區，人們把夫婦二人加上長女、次子作爲理想的家庭結構形式。而人們對自己家庭結構的理解就可以參照理想類型來實現。換句話說，理想型是理解世界的概念或分析模型。在眞實世界裏，理想類型很少存在，存在的只是理想類型的部分屬性。因此理想類型是一個參照系。

　　一個典型的例子就是《新教倫理與資本主義精神》。從理想類型出發，韋伯認爲，資本主義的基本特徵就是以最大限度的利潤爲目的，而且達到這一目的的手段就是合理組織勞動和生產的企業。縱觀人類的歷史，最大限度地追求利潤並不是資本主義所特有的東西，任何時代、任何人都會貪財，問題是用什麼樣的方式來獲得財富。與巧取豪奪、投機冒險和殺人越貨不同的是，資本主義採用了紀律和科學來獲得財富、用理性來積累財富。從韋伯立場來看，如果說在以往的社會中人們還相信各種基於迷信和習俗等長期存在的信念的話，那麼在工業社會裏，人們更多的是考慮工具性的效用和結果，更相信擺在面前的現實和合乎科學的邏輯，生活本身變成了人們考慮的第一問題，而不是來世，這種基於算計的生活理念，就是現代社會的

理性。由技術進步所導致的工業革命、因工業革命所產生的資本主義、由資本主義所發展的科層制度，都不能證明神靈的作用，而只能證明工具理性的效用。

那麼這樣的理性行為是從哪裏來的呢？韋伯認為隱藏在行動背後的是特殊的宗教信仰（新教倫理）。不過如果要人們相信這樣的解釋，韋伯就必須證明由新教倫理所決定的理性行為在多大程度上是信仰新教倫理的社會所獨有的。

採用同樣的思維邏輯（社會學中稱之為範式），韋伯還在《儒教和道教》、《印度教和佛教》和《古代猶太教》等著作中討論了不同的宗教與社會行為之間的關係，透過對東西方宗教的比較研究，分析了宗教信仰與經濟行為的關係，論證了近代資本主義為什麼產生在西方而沒有出現在東方的原因。韋伯認為，基督教信仰的某些特徵對資本主義的興起有著強烈的影響，東方之所以沒有出現資本主義，也是因為東方的宗教，譬如佛教的影響。非常有意思的是，一些在馬克思看來只能出現在經濟變遷中的問題，在韋伯看來卻是文化和價值觀念的行動所影響的。由此我們體會到韋伯的基本理念就是，意識塑造了社會和個人的行動，而不是其他。

在這裏，我們已經看到了韋伯社會學的特別之處，即透過社會現象，發現其背後的支撐意識，透過這樣的方式來探討社會行動背後的意義，而能夠支持這種分析策略的一個重要工具就是理想類型。這就是韋伯式的理解社會和文化的社會學的核心。

韋伯社會學的影響是深遠的，他的思想在法國實證主義之外開闢了另一個天地，甚至構成了現象學的源頭；他對社會行動的解釋方式直接啓迪了帕森斯（Talcott Parsons）關於社會行

動系統的宏大構思；他的科層制理論對當代組織社會學和政治社會學發生了重要影響；他對意識與社會行動關係的探討策略則是法蘭克福學派批判理論的基本路徑；而他的宗教社會學研究直接影響了後來的比較文化研究。總之，韋伯的社會學遺產本身就是多元的，而且也是今天社會學多元範式的重要源泉。

2.4　社會學的想像力與多元視角

從上面的討論中我們已經知道，社會學是從哲學中脫胎、從社會哲學中換骨而來的。在急劇的社會變遷中，在從農業社會向工業社會的轉變中，在革命的洪流中，接受了哲學訓練的學者們已經認識到，僅僅依靠哲學的思維，很難對新出現的社會現象進行解釋，也很難對新出現的社會問題提出解決之道，而必須面對現實社會，對社會本身進行研究，從社會中尋找答案。從這個意義上來說，社會學是工業社會的學問，是工業社會的經世致用之學。

不過，如果說經濟學經過新古典主義革命之後建立了相對統一的理論思路和研究範式的話，那麼和其他在工業社會的發展中出現的學科不同，社會學研究在更多方面表現的是米爾斯（C. Wright Mills）的《社會學想像力》，其特徵是在發端之時就出現了多元的理論思路和多元的研究範式，所有的甚至相互對立的研究範式在過去的近二百年裏不僅能夠和平相處，而且都得到了很好的發展。在這樣的意義上，社會學並不像某些學科如經濟學那樣收斂在一些所有人共識的概念體系和基本規律之下，更多的是一種讓每個人都發揮自己「社會學想像力」的、

在一些基本概念和視角之下發散的學科，因此，社會學的研究成果沒有單線條式的積累，有的是相容並包的、甚至是相互衝突的視角之間的討論與對話。

什麼是社會學的想像力呢？米爾斯在《社會學的想像力》中指出，社會學的想像力是一種心智的品質，這種品質可以幫助人們利用資訊增進理性，從而使他們看清世事。即「個人只有透過置身於所處的時代之中，才能夠理解他們自己的經歷，並把握自身的命運，他只有變得知曉他所身處的環境中所有個人的生活機遇，才能明瞭他自己的生活機遇」。因此，具有社會學想像力的人能夠看清更廣闊的歷史舞臺，發現現代社會的構架，透過這種想像力，個體性的焦慮不安就被體現為明確的社會性困擾，公眾再不漠然，而是參與到這樣的公共論題中。紀登士在談到社會學的想像力的時候，曾經舉了一個喝咖啡的例子。一個在人們日常生活中再普通不過的行為，社會學能夠對它說什麼呢？

首先，咖啡並不只是一種讓人精神煥發的東西。作為日常社會活動的一部分，咖啡還具有象徵價值。有時候，與喝咖啡相關的儀式比喝（消費活動）更為重要。舉例來說，早上喝咖啡在許多西方人的日常生活中標誌著一天的開始。在白天，人們常常是與其他人一起喝咖啡，此時，喝咖啡就更多地表現為一種社會儀式了。難道中國人的喝酒不也是這樣嗎？俗話說，酒逢知己千杯少，說的就是喝酒與社會交往，而這些都為社會學提供了豐富的研究對象。

第二，咖啡含有咖啡因，而咖啡因是一種毒品，對大腦有刺激性作用，許多人喝咖啡就是為了提神，熬過自己難熬的時光。不過人們並不把嗜好喝咖啡的人看成是吸毒的人。但是如

果你只是要咖啡因（吸毒），情況就不同了，大多數社會並不容許人們吸毒。不過也有社會容許消費大麻甚至可卡因，但卻反對消費咖啡。為什麼這樣呢？這是社會學家有興趣探討的問題。

第三，喝一杯咖啡使一個人捲入到了全球一系列複雜的社會與經濟關係中。咖啡生產地大多數是貧窮國家，而消費地大多數在一些富裕國家。在國際貿易中，咖啡是僅次於石油的最有價值的商品，是許多國家最大的外匯來源。咖啡的生產、加工、運輸和銷售，為許多人提供了就業機會，也為國家之間的交往提供了機會。由於現代社會沒有一個社會能夠置身於桃花源中，研究這種全球化的貿易，也是社會學的一項重要任務。

第四，正因為如此，咖啡也變成了一種政治。由於咖啡的種植已經十分普及，已變得「品牌化」，而喝什麼樣的咖啡就變成了消費者對生活方式的選擇，譬如純天然的咖啡、無咖啡因的咖啡和「公平貿易」咖啡等等。可以到特色咖啡廳，也可以到「星巴克」連鎖店。喝咖啡的人們可聯合抵制來自某些國家的咖啡。對於這樣的現象，社會學家也有興趣，譬如全球化讓人們關注遙遠的事物、如何產生對新事物的認知。

第五，喝一杯咖啡的行動隱含了某種社會和經濟發展史。與人們熟悉的茶、香蕉、馬鈴薯和白糖一樣，咖啡成為一般消費品，也只是十八世紀晚期以後的事。雖然咖啡源於中東，西方人對咖啡的消費是殖民擴張時期才開始的，那麼西方人到底怎樣看待咖啡？過去和今天的看法有什麼不同？咖啡與世界貿易的發展有著怎樣的關係？這也是社會學家感興趣的問題。

總之，社會學的想像力使我們看到，一些看起來是個體的事情，當把他放到一定的社會經濟背景中去的時候，卻成為社

會的現象。在這一點上，米爾斯的「社會學想像力」與涂爾幹的「社會事實」有異曲同工之妙。是否自殺、如何自殺、什麼時候自殺和在哪裏自殺都是個體的事情，但是把個體的自殺行為放到一定的社會經濟背景中討論，就具有了更加廣泛的意義，就變成了一個公共議題。

　　基於這樣的共識，跟隨社會學早期的多元傳統，在近二百年的發展中，社會學已經形成了一些比較成熟的、各不相同的思路和研究方式，特納（Jonathan H. Turner）在他的《社會學理論的結構》中將其分為了七種。當然，將紛繁複雜的社會學研究進行歸類本身就是一種冒險的做法，既不可能窮盡所有的社會學研究取向，也會將一些取向不明確的研究放到不適當的類別中。不過分類資訊也有優勢，那就是能夠讓人們明確地瞭解社會學研究的基本狀況。在接下來的篇幅中，我們將簡單介紹幾種主要的社會學理論視角。

2.4.1　功能主義

　　社會學研究的功能主義視角來源於把社會和生物有機體的類比，就像人一樣，人的四肢和五臟六腑雖然都是個體，但是這些個體都是生命存在的必需，而且對生命的存在做出了自己的貢獻。但是生命並非簡單地等於器官之和，生命就是生命，是一個整體。社會亦如此，社會的組成部分（如家庭、企業、社區和政府）都是社會的器官，對社會整體發揮著作用。功能主義的另一個基本理念就是強調道德共識在維持社會穩定和秩序中的重要性。在功能主義看來，社會的大多數成員事實上分享共同的價值觀和道德，因此社會總是處在均衡和穩定狀態，這也是社會的常態。如果我們回顧前面討論過的孔德和涂爾

幹，就會發現他們都強調社會的協調一致和共同的意識（涂爾幹稱之爲集體意識）。

基於這樣的社會觀，社會學家們致力於研究的是社會各部分彼此之間及其與社會整體的相互關係。儘管功能主義的起源可以追溯到孔德和涂爾幹，但是使功能主義成爲顯學的則是人類學家馬林諾夫斯基，尤其是他對原始部落社會的研究。社會學中的集大成者，是二十世紀上半葉的帕森斯，他把整個社會作爲一個大系統，將社會的各個部分進行分類，構成社會的功能模組，探討作爲系統的社會與各功能模組之間的關係，以及模組之間的關係。

在默頓（Robert Morton）的研究中，他還發現各種構成部分對社會的功能並不總會顯現出來的，由此他區分出顯功能（顯現的）和潛功能（隱含的）兩種類型。同時，也不是所有的構成部分都會爲社會的整合做出積極的貢獻，有些部分的貢獻甚至是負面的（譬如反社會利益集團的貢獻），由此，他又區分出正功能和反功能。

正因爲如此，所以社會並不總是穩定和協調的，當社會內部的均衡被打破，就會處於動盪和不穩定之中，尤其當打破均衡的力量來自於社會外部的時候，在功能主義看來，這就是導致社會變遷的重要力量。

功能主義作爲社會學研究中的一個重要流派曾經幾乎統領過社會學，尤其是在帕森斯時代。但由於功能主義過分強調社會的一致性和協調性，強調社會的部分有助於整體的整合，使得其解釋能力受到重大約束，尤其是在社會內部處於不平靜狀態的條件下，功能主義幾乎沒有能力進行解釋。由此，社會學家們不得不尋求另外的解釋邏輯，另一個極端的邏輯就是衝突

範式。

2.4.2　衝突論

　　與功能主義相反，衝突論所強調的是社會內部的不一致、不協調、分化與衝突。在衝突論者看來，社會中的資源是有限的，因此對資源的爭奪始終是社會的主旋律，絕大多數社會絕非像功能主義者所描述的那樣處於和諧和均衡狀態，構成社會的各個組成部分也絕非是一個整體，社會的基本狀態就是衝突。當然，衝突論者也認為社會存在秩序，但秩序絕不是像功能主義者描述的那樣是社會的自然狀況，而是社會衝突的結果。

　　基於這樣的社會觀，衝突論者從馬克思那裏繼承了關於階級對立的觀點，探討的主要問題集中在權力、不平等和鬥爭，尤其注重考察社會強勢與弱勢群體之間的緊張狀態，並試圖理解統治關係是如何被建立和維持的。譬如達倫多夫（Ralf Dahrendorf）在繼承壓制與衝突觀念的同時，提出了社會的兩面性：秩序與衝突。在「走出烏托邦」、「邁向社會衝突理論」以及《工業社會的階級與階級衝突》等一系列論述中，達倫多夫首先否定了帕森斯的功能主義，認為把社會看做是歌舞昇平的和諧體系只是一個烏托邦式的夢想。當然社會也不是只有衝突這一副面孔，實際上社會是兩面的，一面是和諧，另一面是衝突。在承認社會秩序的同時，達倫多夫提出，衝突也是社會的常態，變遷無時無處不在，衝突無時無處不在，這是因為每個社會都是一部分人對另一部分人的壓制，形成這種格局的基礎是權力分配的不均和角色的強制性安排。

　　當然也有衝突論者繼承了韋伯的傳統，考察統治與被統治

之間關係的複雜多樣性，譬如柯林斯（Randall Collins）在《衝突社會學》中對交談與儀式、順從與風度的探討就是典型的韋伯式思路。在柯林斯看來，社會的結構是由一系列互動儀式的鏈條構成的，而互動儀式的基礎是人們的共識。可問題是，共識總是暫時的，在現實生活中，人們總是竭力去左右甚至力圖支配他人對互動的定義，以便在互動中最大限度地獲得優勢。這樣就不可避免地使一部分人處於被強制的地位，而每個人又試圖避免成為他人強制力量的對象，衝突便由此產生。那麼到底是什麼決定了一個人在社會中的地位呢？在這裏，柯林斯又回到了韋伯的論斷，認為財富、權力和聲望是決定一個人社會地位的三個基本因素。

需要注意的是，衝突論並不是一個統一的視角，而只是多種強調衝突視角的概括。儘管功能主義內部也存在不同的觀點和視角，但在衝突論中，這種差異性更加突出。上面討論的達倫多夫和柯林斯對衝突就有不同的理解。達倫多夫關注的是制度性角色的強制安排和權力的分配不均，而柯林斯關注的是個體互動中的強制與反強制。再舉一個例子，科塞（L. Coser）是帕森斯的學生，儘管他站在衝突論的立場上，但卻並沒有忘記功能主義，他的《衝突的功能》就是用功能主義的觀點來討論衝突問題，認為衝突具有緩解社會矛盾的「安全閥」的作用，也能夠促進社會內部的團結，與達倫多夫的衝突觀點直接對立。因此與其將衝突論理解為一個具有理論共識的學派，不如將其理解為關注一個共同主題的多種學派。

2.4.3　交換理論

在帕森斯之後，針對功能主義理論不僅有衝突論，還有交

換理論。在前面的討論中，我們已經認識到，衝突論既有針對制度的、宏觀社會體系的分析，也有針對個體層次社會現象的討論，但是功能主義針對的是作為一個體系的社會，根本就不涉及表現為個體之間關係的社會現象。由此作為切入點，交換理論強調對人類行為和心理動機的研究，批判只重視宏觀社會制度和結構或抽象社會的功能主義，倡導在個體層次上研究社會的基本現象，提出社會中的交換行為就是最好的研究對象。交換是人類社會的普遍行為，經濟學家們對此有廣泛的涉獵，基於亞當・斯密（Adam Smith）的傳統，經濟學家們認為，在自由和競爭的市場中，人們總是在尋求物質利益和效用的最大化。但是社會學家們卻看到了社會交換中的非功利主義一面，在同樣的議題，譬如價值、最優原則、投資、獎勵、代價、公平和正義等之下，社會學家們發展了兩種不同取向的交換分析策略：從個體層次出發來解釋個體的行為和從人際（微觀結構）層次出發來解釋宏觀社會結構。

　　個體層次的代表人物如霍曼斯（George C. Homans）就從代價與報酬的角度提出一組個體行動命題，如成功命題、刺激命題、價值命題、剝奪與滿足命題和攻擊與贊同命題。以攻擊與贊同命題為例，霍曼斯提出，一方面當個體的行動沒有得到期待的獎賞或者受到了未曾預料到的懲罰時，就可能產生憤怒的情緒，從而出現攻擊性行為；另一方面當個體的行動得到預期的獎賞，甚至超過預期，或者沒有受到預期的懲罰時，他就會高興，就會贊同這種行為。

　　霍曼斯指出，利己主義、趨利避害是人類行為的基本原則，由於每個人都想在交換中獲取最大利益，結果使交換行為本身變成一種相對的得與失。對個人來說，投資大小與獲利多

少基本上是公平分布的。因此這五個命題是一個「命題」系列，沒有哪個命題是最重要的，相互之間的聯繫才是最重要的，而且只要將五個命題綜合起來，就能夠解釋一切社會行為。

人際層次的代表人物如布勞（Peter Blau）是從社會結構的原則出發來考察人際之間的交換過程的。與霍曼斯不同，布勞從描述交換過程及其在微觀層次上的影響開始，試圖透過群體層次的分析來解釋宏觀社會層次的結構和制度。他認為社會中的交換是建立在信任基礎上的，所以基本的交換關係往往發生在關係密切的群體中。社會交換是人的自願性行為，目的非常清楚，就是透過交換活動來獲取回報。為了分析不同的社會制度，布勞區分了經濟交換與社會交換、內在獎賞和外在獎賞的差別，並透過引入權力、權威、規範和不平等的概念，試圖使微觀層次的交換活動能夠解釋宏觀層次上的社會現象。

2.4.4 符號互動論

上面三種視角都是從客觀的立場來看待社會現象的，即使是交換理論中的霍曼斯試圖從個體的層次（包括了心理學行為主義的思路）來分析人的行為，也仍然把行為、體系和制度看成是客觀存在，而符號互動論則完全是從主觀的立場出發來討論人際交往的視角，研究的主要問題就是日常生活中的交往，即人是如何使交往產生實質性意義的。

符號互動論起源於對符號如語言意義的關注。庫利（Charles H. Cooley）提出，人對自己的認識是透過觀察他人對自己的反應而獲得的，這就所謂的「鏡中我」。米德（George H. Mead）認為，人在從他人那裏感知自己的過程中，語言是重要

的符號，語言使人獲得自覺，並使人獲得「鏡中我」。因此，互動過程所依賴的是對符號意義的共享。由此拓展開來，人類社會的交往，在本質上就是運用符號體系的活動。

與功能主義和衝突論不同，符號互動論者並認為社會是一種控制力量，人在社會中具有行動的自由，並總是處在創造、改變自己生活世界的過程中。因此對社會現象的研究需要回到對互動的動機、目的以及賦予與理解符號意義的方式上，而且只有理解了這一過程，才能夠解釋更加宏觀的社會現象。非常有意思的是，符號互動論的研究始終局限在個體和小群體層次，基本上忽視社會宏觀因素及其與個體互動之間的關係。舉一個例子，高夫曼（E. Goffman）就引用莎士比亞的臺詞，把人生比做一個舞臺，把社會比做劇場，每個人都有前臺表演和後臺的自我，在與他人的交往中，個體有意地提供和漫不經心地顯示一些符號，讓他人從中獲得對自己的印象，這就是所謂的印象管理。透過建構劇場、編製腳本和印象管理，在互動中符號就被賦予了特殊的意義。

除此以外，還有一些更為複雜的視角，如進化論、結構主義、批判主義、後現代的解構主義等等，所有這些，對於一本通俗讀物而言就顯得過於專業和繁瑣。以結構主義為例，在歐洲大陸和美國，使用和對待結構主義的方式就存在很大的差異，甚至到了不可比較的地步。在法國，從索緒爾（Ferdinand de Saussure）語言分析中受到影響的李維－史特勞斯（C. Lévi-Strauss）的結構主義就認為，社會的特質是由其基本結構決定的，而且這樣的結構與人類心理活動的結構具有相同性，社會學的研究就是探討這些社會的基本結構，所以他把親屬結構作為自己的研究對象。在美國，布勞試圖「透過分析支配著個體

和群體之間關係的社會過程來幫助人們瞭解社會結構」，探討「社會生活怎樣被組織成日益複雜的人與人交往的結構」。顯然，這是兩種無法相互討論的思路。在英國，紀登士強調的是個人行動與結構之間的相互作用，而不是單向作用，並試圖整合個體行動、社會互動和社會結構，譬如他提出常態化問題就是試圖解釋人類生活的秩序性。儘管他認為自己的結構理論是在清理前人研究成果的基礎上進行了整合與發展，但人們卻很難在他的理論中找到與其他結構主義進行直接討論的議題。如果再加上傅柯（**M. Foucault**），情況就更複雜了。所以對基本理論視角的討論我們就此打住。

2.5　什麼是社會學？

到這裏，我們來試著給社會學一個基本的定義。從第一講和本講的討論中，我們可以說，社會學是一門試圖用科學的思維邏輯來討論人類社會和社會生活的學科。這也是嚴復對社會學的基本定義。與心理學比較，社會學不關注心理過程，而關注客觀的、可測量的社會現象；與政治學比較，社會學不單純關注國家和政體，而是把兩者都當做人類的組織活動，關注組織所具有的共同屬性；與經濟學比較，社會學不關注所謂的經濟現象，譬如價格、競爭、壟斷，但卻關注經濟現象的社會基礎及其相互關係；與人類學比較，社會學不關注所謂地方性的文化、象徵和意義，而關注具有普遍意義、可解釋的文化現象。

3. 人之初

就人類而言，透過語言而出現的功能性分化使人類獲得了一種完全不同的組織原則，這種原則不僅導致了不同類型的個體，而且也導致了不同的社會。

——米德《心靈、自我與社會》

米德（George Herbert Mead, 1863-1931），美國社會學家、社會
心理學家，符號互動論的創始人。

　　《三字經》開宗明義，說「人之初，性本善」。而在強調原罪的西方宗教裏，人被認爲生來就是有罪的。除此之外，還有各種其他的說法。不過，對人性的探討不僅哲學家有興趣，宗教學家有興趣，社會學家同樣也有興趣。那麼，人生來到底是各什麼東西呢？還是讓我們從具體的社會事實開始吧。

3.1　狼孩與天性

　　一八七五年，生物學家林耐在自己的生物分類著作中提到，一三四四年在德國的黑森林發現了由狼哺育長大的小孩。一九二〇年，印度傳教士辛格在勾達姆里村一個巨大的白蟻穴附近，發現狼群中有兩個人形怪物：身子和人一樣，頭顱很大，頭上的毛髮蓬亂，披散到肩頭和胸前。辛格將這兩個「怪物」帶回村裏，發現她們就是兩個女童，大的約八歲，小的約二歲。辛格把她們送進了當地的一個孤兒院，並給大的取名卡瑪拉，給小的取名阿瑪拉。這就是「狼孩」。

　　據記載，「狼孩」剛被發現時，用四肢行走，慢走時膝蓋和手著地，快跑時則手掌、腳掌同時著地；她們喜歡單獨活動，白天躲藏起來，夜間潛行；目光銳利，黑暗中閃閃發光；再熱也不淌汗，而是像狗一樣張大嘴巴喘氣，藉以散熱降溫；怕火、光和水；不讓人替她們洗澡，不穿衣服，不管主人給她們穿上什麼衣服，都被撕個粉碎；不吃素食而要吃肉；吃東西不用手，而是放在地上用牙齒撕開吃；每天午夜到清晨三點會像狼一樣引頸長嚎；她們沒有感情，只知道饑則覓食，飽則休息，對他人沒有興趣。不過她們很快學會了向辛格的妻子去要

食物和水，如同家犬一樣。只是在一年之後，當阿瑪拉死的時候，人們看到卡瑪拉「兩眼各流了一滴眼淚」。

剛被發現時，大的卡瑪拉只有正常生活的六個月嬰兒的「知識」。人們花了很大氣力都不能使她適應人類的基本生活方式。就直立行走而言，人們花了兩年的時間才使卡瑪拉學會直立，六年後才能艱難地獨立行走，一旦用到快跑，還得四肢並用。語言的學習就更困難了，卡瑪拉四年內只學會了六個單詞，只能聽懂簡單的幾句話，七年才學會四十五個詞，並勉強地學了幾句話，直到九年以後死的時候，也未能真正學會說話。在卡瑪拉死的時候，人們估計，雖然她的年齡大約已經十六歲，但智力卻只相當於三或四歲的孩子！

如果說狼孩的故事有些傳奇色彩而不那麼令人信服的話，那麼，安娜在與世隔絕環境中成長的故事則絕對真實。一九三八年二月六日，《紐約時報》報導了美國賓州一座農莊裏一個五歲多女童的故事。女童名叫安娜，是個私生女，出生後，母親由於害怕社會的壓力，將孩子關在了二樓的一個儲藏室，當安娜被發現的時候，她靠在煤桶上，雙手抱頭，不會說話，不會走路，也不會自己吃飯，嚴重營養不良，渾身上下除了皮和骨頭以外，就沒有任何別的東西，更沒有任何情感表達。看到這個報導之後，戴維斯（Kingsley Davis）和他的學生隨即找到安娜，並對安娜的經歷進行了研究。以此為案例，一九四〇年，戴維斯在《美國社會學雜誌》上發表一篇題為〈一個兒童的極度社會隔絕〉的文章，指出人的社會發展與人的生理發展必須同步，如果沒有社會維度的發展，人的有機體發展將變得毫無意義，就會像安娜一樣，連維持自我生存的吃飯能力都沒有。八年之後的一九四七年，戴維斯在《美國社會學雜誌》上

發表了另一篇文章〈極度社會隔離之補說〉，把安娜案例與另一個幾乎與安娜案例同時和類似的伊莎貝爾案例進行了比較。安娜被發現以後，首先被送往一家特殊教育機構，後來又被送往一家幼兒教養所，在這個過程中，安娜的社會技能逐步得到提高，在她一九四二年八月六日去世之前，已經學會了說話；而伊莎貝爾在經過幾年強化教育之後，幾乎獲得了與同齡兒童相似的發育水平。

從狼孩、安娜和伊莎貝爾的故事來看，我們至少可以說，人之初，本無性，不僅如此，就連生存如覓食的本能都沒有。的確，剛剛出世的嬰兒是一個極其脆弱的有機體。在人們的日常觀察中就已經知道，剛剛出世的小馬駒很快就能夠站立起來，並尋找食物；一個小鴨無論是怎樣出世的，只要一出世，就會根據本能去找水、游水。而剛剛出世的孩子，如果沒有大人的幫助，就會在幾個小時之內死亡，不僅因為食物，還因為冷暖和接觸（這些都是其他動物所少見的）。那麼人類的基本生存能力和其他東西都是從哪裏來的呢？社會學給了這個問題一個非常簡潔的答案「社會化」。由於人類不具備其他動物的生物性本能，就只能透過學習來獲得能力、獲得人格，並使自己成為社會中的正常一員，這就是「社會化」。

3.2　淘氣與教養

無論是哪個年齡層次，只要有能力讀這本書的人都應該熟悉一個詞「淘氣」。可是我們是否認真想過什麼叫「淘氣」？初為人父母者常常會在一起說孩子的事情，說到對孩子不滿的地

方時，往往會用「淘氣」進行概括。討論到某件具體事的時候，有人會認為淘氣，也有人會有不同的看法；有時候，所有的人也會形成共識，認為那就是淘氣。為什麼會有這樣的差異或者共識呢？還有，當人們說淘氣的時候，肯定是指孩子，如果說某個成年人淘氣的時候，就一定是戲謔之語，這又是為什麼？

簡單地講，當人們使用「淘氣」的時候，是沒有把「淘氣者」看做成熟的人、正常的人和可以正式對待的人的。人們認為，他們尚處在成為人的道路上，因此，做一些被認為不正常的事情是可以容忍並需要教化的，因此，在人們的意識深處就已經假設：第一，人是需要教化的；第二，教化是一個過程。《三字經》中有「人不學，不知義」，「苟不教，性乃遷」之說。那麼，人到底怎樣成其為人？教化又是怎樣的一個過程呢？這就是社會學家們關注的「社會化」。

還是讓我們從人的生物性與社會性說起吧。

儘管在許多宗教教義中把人看做是另一個超然的力量，譬如神或菩薩創造的，但根據達爾文的生物進化論，人類的起源並不是超然意志的結果，而是自然的選擇。自然選擇的基本理念是，所有的有機物都需要食物，並需要利用資源來躲避惡劣的天氣等，以便生存下來。但是，並非所有動物在任何時候都能夠獲得足夠的資源，這樣，最適應環境的物種生存了下來，其他的便被自然地淘汰了。在自然選擇的過程中，適宜於生存和競爭的物種特徵也獲得了保存，並透過繁殖的方式傳給了後代。自然選擇的另一層意思是，一些物種特徵被經常使用，進而獲得長足的發展；另一些特徵用得不多，有的甚至根本就沒有什麼功用，其特徵便退化了。用進廢退的結果加上自然因素

導致的物種特徵的突然變化，構成了物種變異。

遺傳與變異的並存構成生物存亡和生物物種多樣性的基礎。在這個過程中，一些發生變異或者接受了其祖先遺傳的物種如果能夠適應自然環境的變化，物種便得到了保存和發展；如果不能適應自然環境，便會遭受滅頂之災。大量的科學證據都表明，在這個地球上曾經有過恐龍，可是今天我們只能見到恐龍的化石。儘管對恐龍消失的原因有多種解釋，但最後都會歸結到與自然環境之間的關係。幸運的是，人類早期的祖先適應了自然環境，並發展了適應自然環境變化的各種特徵，譬如思維。

儘管從進化論的意義上人們認識到人類和其他動物有著共同的特徵，但是人們也傾向於認爲人類作爲一個物種有其獨特的性質，譬如人類確實沒有任何「本能」，前面的例子已經提供了明確的證據。不過人類的一些行爲會讓人誤認爲人類是有「本能」的，譬如當有人朝你的臉打上一拳的時候，你會有什麼反應？當然會躲閃。儘管人們可以把躲閃行爲當做本能，不過，在社會學和生物學中，作爲一個科學概念，「本能」有非常具體的含義，主要是指受基因決定的複雜行爲模式，譬如前面提到的小鴨找水、小馬駒站立，都是本能行爲。而這裏的躲閃，則是反射性行爲，而不是本能，是單一的反應，而不是複雜的行爲模式。

人類有一些與生俱來的反射行爲，而且大多與生存有關，前面說到的躲閃就是爲了避免傷害，嬰幼兒的吃奶動作是爲了進食。還有許多類似的動作，都是與人類的基本生存有關的，譬如對溫暖、水和性的需求。但是人類在滿足這些基本需求的方式上並不是完全一致的。舉例來說，飲食是人類的共同行

為，但是獲得飲食滿足的方式卻千差萬別。首先，不同的社會中有不同的食譜，甚至處理食物原材料的方式也不相同，而且被賦予了不同的意義。顯然這樣的差別是不能用生物因素來解釋的。

另外，人類還能夠控制自己的生物性，這也是其他動物所沒有的。譬如，具有思考能力的人會在行為發出之前有審慎的思考、會選擇自己的行為方式、考慮行為後果以及對自己的利或弊，而不是像動物那樣完全憑藉生物特性（如本能）發出行為。人類學家薩林斯（Marshall Sahlins）在《生物學的運用與濫用》中指出，社會生物學家們所提出的展示各種人類生物特徵或者「天性」的證據，實際上是來源於其早期的社會化過程。

當然，社會化過程與人類的生物特徵密切相關。從能力發展的角度來看，生物因素的確是一個重要的約束條件，譬如年齡，零至六歲的孩子是完全依賴於他人的，此後還有大約十四年的時間也必須在某種程度上依靠他人的直接幫助。與其他的動物甚至任何靈長類動物比較，這都是一個漫長的時期，甚至比一些動物的平均壽命還要長。

所幸的是，正是在這段時間裏，人獲得了「教養」，並不再「淘氣」。對社會學家而言，「教養」除了一般意義上的有禮貌以外，主要指生存的能力、學習知識和規則的能力、社會交往的技能、建立個人社會基礎的能力。同樣，這些都不是生物因素能夠解釋的。

已有的研究已經證明，人之初，不僅沒有生存的本能，也沒有社會的本能。人類的所有能力或知識的積累（被抽象成為「文化」）都是透過學習獲得的或者透過學習喚起的，從喝水、拿筷子、穿衣到說話、打招呼，以及科學的、社會的各種知

識。而且，從父母懷抱寶貝的那一刻，這個學習過程就已經開始了。當嬰兒吸取母乳或被父母擁抱在懷裏的時候，他們接受了人類生活的最基本的東西：食物、溫暖和互動。這樣的互動不僅滿足了有機體生長發育的需求，也影響了孩子的情感。在重要性的層面上，儘管食物與溫暖對有機體的生存最爲重要，但是對嬰兒作爲人的發展而言，隨著時間的推移，互動的重要性便逐步上升。

美國威斯康辛大學的心理學家哈洛（Harry F. Harlow）對羅猴做過一個實驗，結果表明，身體接觸和與同類的接觸是猴子的一種基本需求。如果在猴子的早年生活中沒有這樣的接觸，就會導致嚴重的身體機理和情感方面的問題。哈洛的實驗進一步說明，在一個籠子中設置兩個「母親」，一個是用線繩做成的，負責爲猴子提供食物；一個是用鬆軟的布做成的，什麼也不負責。結果表明，猴子大多數的時間都很依在布母親身邊，儘管線母親爲猴子提供食物，但猴子還是喜歡布母親。當把布母親從猴子身邊拿走以後，猴子產生了嚴重的行爲問題。直觀的解釋是，布團母親提供了一些眞實母親所能夠提供的東西，特別是舒適。隨著時間的推移，實驗進一步表明，一些由布母親帶大的猴子，在早年的生活階段非常正常，但是當他們成爲父母以後，竟然完全不知道如何養育孩子，一些雌猴甚至根本就不能生育。

從學理上講，直接把動物實驗的結果應用於人類社會的風險很大，但社會學家們仍然願意相信，嬰兒期的接觸與互動培養了人類最基本的「人性」：情感。心理學家施皮茨（Pené Spitz）在一九四五發表了一篇重要文章，討論了在孤兒院或福利機構長大的孩子與由生母撫養的孩子之間的區別，他發現與

由生母撫養的孩子比較，在孤兒院長大的孩子在身體、社交和情感方面都發展緩慢，而且隨著年齡的增長，這樣的差異還會擴大。同年，另一位心理學家歌德法布（William Goldfarb）在《美國矯正精神醫學雜誌》上也發表了一篇文章，報告了他的比較研究結果，他將四十名出生後不久就被寄養在別人家中的孩子，與四十名生下來後先在孤兒院裏生活了兩年然後再被寄養到家庭中的孩子進行了比較，他發現，在孤兒院待過的孩子有很多缺陷，譬如智力低下、侵犯性強、交往技巧缺乏、創造性少和情感冷漠。許多進一步的實驗還表明，接觸和互動不僅是促進嬰兒生長發育的重要因素，也是嬰兒介入社會生活的重要步驟。

從發育的歷程來看，學者們認識到，人的社會性的發展具有一定順序。新生嬰兒只有四種情感：滿足感、驚訝、厭惡和沮喪。大約在三至四個月左右，嬰兒就會有快樂感，也會生氣，能夠辨認人的面貌，區分父母與他人。從這個時候開始，人類的身體語言能夠對嬰兒產生直接的影響。研究者們發現，嬰兒能夠區分母親的微笑和恐嚇，並能夠對類似的身體語言做出反應；但這個時候尚不能對陌生人的類似身體語言進行識別和做出反應；到了八至九個月的時候，嬰兒才能區別一般意義上的悲哀與害怕。

到一歲的時候，情況就不同了。孩子不僅開始說話，有親切感，而且能夠站立起來，漸漸地，也能夠獨立行走了。到二至三歲的時候，孩子已經能夠理解其他家庭成員的互動和情緒，能夠理解驕傲、內疚。

從有活動能力開始，兒童不僅學會如何餵飽自己，也開始學習紀律和自我約束；學習控制身體的需要並正確地加以應

付,譬如如廁訓練;學習禮貌的日常生活行為,如有禮貌地吃東西;學習與他人相處,如學習稱呼他人。

到五歲左右,兒童已經成為相當自主的一個人,具有了相當豐富的社會性情感,如安全感、謙虛、信任和妒忌,並能夠在日常生活中進行自理。除此以外,這個年齡的兒童也會嘗試冒險。一般而言,五歲左右的兒童正變得更像一個「人」,自我知覺變得更加突出。

不過,對於這樣的發展,社會學家們並沒有完全達成共識,至今為止,已經有很多不同的解釋。下一節,我們將討論涉及早期社會化的主要探索。

3.3 我看人看我

在社會中,每個人都會認為自己的人格是天生的,但是社會學家和社會心理學家卻認為,人格不是天生的,而是一定時空條件下社會力量的產物,甚至一些看起來是生物本能的東西,如脾氣、競爭意識,都是社會所塑造的。

相信很多人都知道孟母三遷的故事。故事是說,孟子小時候父親就死了,母親仉氏守節。由於居住的地方離墓地很近,孟子學了些喪葬、跪拜和哭嚎之事。母親想:「這個地方不適合孩子居住。」於是就離開了,將家搬到街上。不過這次的住所離殺豬宰羊的地方很近,孟子又學起做買賣和屠殺之類的事情。母親又想:「這個地方還是不適合孩子居住。」於是又將家搬到學宮旁邊。夏曆每月初一,官員都要進文廟,行禮跪拜,揖讓進退,孟子見了,也一一記住。母親想:「這才是孩

子居住的地方。」就在這裏定居下來了。

　　這裏我們撇開孟母愛子之心不說，單說這個現象就足以引起我們想起中國的一個成語「近朱者赤，近墨者黑」，以及《三字經》中的「性相近，習相遠」。社會化的過程所及，不僅包括了人的基本能力，也包括了人格，像孟子早年的這種隨環境變化的特徵，也正是社會學家和社會心理學家研究的重要現象。

　　前面的討論已經使我們知道，人格的形成也發生在人生的早期。在進一步討論人格的形成之前，我們有必要區別日常生活中所說的人格與社會學中討論的人格的區別。在日常生活中，當我們說某人缺乏基本的人格，或者要培養孩子的人格的時候，指的只是社會技能。而對社會學家來說，人格指的是特殊的思想、感覺和自我關照的模式，並由此構成了個體鮮明的品質特徵。一般來說，人格可以分為幾個主要部分：在認知的層面包括思想、知識、知覺和記憶；在行為的層面包括技能、天賦和能力；在情感的層面包括感覺和感情。

　　人格發展的第一步就是如何認識自我，這也是社會學家們在人格研究中關注的核心問題之一。「我是誰？」，不僅有這樣的書，也有無數這樣的文章，目的是探討人對自己的認識，準確地說是對人格的認識。法國思想家蒙田說，人是一種奇妙的、無聊的、浮躁的、反覆無常的東西；近代科學和政治學的重要奠基人霍布斯則說，人是自私的，是追求自己最大利益的極端個人主義的東西。那麼人到底是什麼？

　　十九世紀末期和二十世紀初期的社會學家和社會心理學家庫利（Charles Horton Cooley）說，人事實上沒有辦法在無人的環境下認識自我，正如前面已經提到的，初生嬰兒並不能理解自己與父母之間存在的差異；他們還沒有形成任何意義上的自

我。幾個月之後，他們逐漸地開始把自己和父母區分開來，並當做不同的人來對待。漸漸地，他們不僅獲得了自己與父母關係的認識，也開始理解和認識自己與其他人的關係。由此，庫利提出來，人對自己的瞭解實際上是透過對他人對自己的看法來獲得的，這就是所謂的「鏡中我」。

按照庫利的說法，「自我」是社會的產物，其發展經歷了三個階段。首先，我們察覺到我們在他人面前的行為方式；其次，我們領悟了別人對我們行為的反應；第三，基於對他人反應的理解來評價我們的行為，進而獲得對自我的概念。簡單地說，他人是一面鏡子，我們從他人那裏感受到自己和理解自己，就像照鏡子一樣。例如，如果一個重要人物贊成我們的行為，我們也會肯定自己的行為。

那麼這樣的「自我」最初是從哪裏來的呢？庫利指出，家庭作為一個初級群體使自我得到了充分的發展。在家庭中，孩子透過父母贊同或者反對形成自我意識；透過注意父母的手勢與話語，開始認識到父母的期望、評價和意見，並透過懲罰獲得對父母反對意見的認知。由此，一個淘氣的孩子，漸漸地成長為社會可以接納的人，成為一個有教養的人。

差不多在同一個時期，米德（George Herbert Mead）提出了另一種解釋，米德認為，在孩子出生的最初幾個月裏，他們並未意識到自己與他人的區別。對自我的認知是在語言的發展和對符號的理解中形成的。其中最重要的階段就是把自己當做客體並與其他客體區分開來的時候，就像是靈魂出竅。基於這樣的思考，米德區分了兩種「自我」：「主我」（當做主體的自我）和「客我」（當做客體的自我）。「主我」是每個人的天性部分；「客我」則是每個人的社會部分，包括對社會要求的內化

和個體對這些要求的認知。

　　根據米德的研究，「客我」在社會化過程中經歷了三個不相同的階段：(1)模仿階段。在人生的最初兩年裏。在這個階段，兒童與父母的交流主要透過「手勢」，孩子不斷地模仿父母的動作。在這樣的情況下，是沒有「客我」的。(2)嬉戲階段。大約從兩歲時開始，孩子開始角色借用，他們把自己想像為他人，並用他人的角色或地位進行活動，譬如穿著大人的鞋子來扮演大人的角色，進而獲得從他人的角度看待自我與世界的能力。角色借用的直接影響是，發現了自己與他人的區別，進而把自己從他人中區別出來，這就是「客我」的出現。(3)群體遊戲階段。三歲以後，兒童的認知活動開始走出家庭，與更多的人和群體發生聯繫，同時也把家庭看做是自己的群體。非常突出的是，在這個時期，兒童開始關心非家庭群體的角色，關心一般意義上人們對「自我」的要求和期望。在與他人的互動中，兒童會考慮許多人、多種角色的共時行為，透過預知其他玩伴的行為來決定自己對這些行為的反應。在能夠這樣做的時候，他們已將「社會」內化了，「客我」的形成過程已經完成。

　　還是在同一個時期，生於維也納的精神分析學家佛洛伊德（Sigmund Freud）區分了三個我：「本我」、「自我」和「超我」。「本我」包含無意識記憶和生理的、心理的衝動，尤其是性衝動。對「本我」的強調是佛洛伊德理論的一個重要標誌。「自我」在「超我」和「本我」之間扮演著一個仲介角色，大多數情況之下處於無意識之中。「超我」大致相當於米德的「客我」，即內化了社會規則的自我。按照佛洛伊德的說法，如果一個人要達到心理健康，人格的這三個部分，必須終其一生都是

和諧的。

有人曾經舉了一個簡單的例子來說明佛洛伊德的三個「我」。譬如你正開車赴約，在你前面的一個人開得很慢。如果保持目前的速度，你肯定要遲到。這時，透過正常的交通信號（如喇叭、燈光）示意在你前面的人開快一點，但沒有效果，前面的人似乎什麼都沒有注意到。這時你的「本我」也許要你猛踩油門去教訓前面的人；而「自我」則會考慮這樣做的後果：車會撞壞，保險費會提高，甚至還會丟了性命；「超我」或意識也許會提出猛踩油門的道義與「正當性」的問題：我有權用自己的汽車去撞前面的那輛汽車嗎？難道前面的人沒有權利開得這麼慢？最後的結果是：你可能會發牢騷甚至發洩，但不願意真的猛踩油門。

在佛洛伊德那裏，人格的發展是在巨大的張力過程中行進的。譬如，嬰兒是有欲求的，但根本就不能使所有的欲求獲得滿足。在這樣的張力中，嬰兒逐漸痛苦地認識到，不是所有的需求都能馬上得到滿足的。正因為如此，嬰兒就需要學習控制自己的欲求，但這並不意味著這些欲求就不存在了，控制的結果是使欲求成為無意識的一部分。

佛洛依德還用性愛作為例子，專門討論了異性之間如何使得欲求得以控制。在兒童與父母的早期接觸中，兒童已經形成了愛欲，只是由於身體尚未發育成熟，所以愛欲的表達限於接觸與安撫的形式，如果在四至五歲的時候兒童不能夠脫離與父母朝夕相處的方式，譬如分床，那麼在兒童身體發育成熟之時，就會對父母中的異性投以性愛。因此，四至五歲時期的分離實際上是讓兒童壓制了早期欲望的繼續發展，使兒子知道不能再繼續「圍著母親轉了」。而離開父母的衝突（伊底帕斯情結）

又直接影響了人格的發展。

　　由於佛洛伊德的學說主要依據了維也納中產階級社會的經驗，不具有普遍的適用性，很快便遭到了來自各方面的批評，特別是女性主義提出，佛洛伊德的理論是一種性別偏見，甚至具有露骨的對女性的歧視。溫和一些的批評則指出，佛洛伊德的人格理論過於僵硬，特別是他認為早期的伊底帕斯情結決定了人一生的人格根本就是教條。

　　為了應付這些批評，深受佛洛伊德影響的艾力克遜（Erik Erikson）對佛氏的理論提出了重大修正。從關心「理性」的自我（ego）入手，艾力克遜把自我的發展分為八個階段，隨著人一生不同時期的發展而變化。如果說佛氏主要強調的是「本我」和兒童期的話；那麼艾力克遜強調的則是自我和人終其一生的人格發展。

　　在艾力克遜那裏，「認同危機」是一個核心概念。他認為人格發展的每個階段都由「認同危機」產生，透過對危機的解決，人獲得了一個穩定的自我，包括對生活的許多基本關懷。這八個認同危機分別是：

(1)嬰兒期的信任與不信任。在嬰兒期，需要如果得到滿足，就會產生信任；反之，就會孕育一種基本的不信任。信任與不信任危機雖然會對人的一生產生影響，但這兩者卻是可以相互轉換的。

(2)兒童早期的自主與懷疑。隨著兒童運動機能和大腦智力的發展，自主（獨立的感覺意識）開始出現。如果父母能夠讓孩子做力所能及的事，就會讓他們感受到自己有能力控制自己的肌肉、衝動、自我以及周圍的環境。當

然，在實踐的過程中，兒童有時候會懷疑甚至害羞。此時，如果父母沒有耐心而代替兒童去做的話，就強化了兒童的懷疑意識。在兒童進入其他發展階段後，就會更加感到害羞和懷疑，而不是自主，從而影響到人的自主意識的獲得。

(3)學齡前的主動與內疚。在差不多能夠上學的時候，兒童已能控制自己的身體。在這個階段，孩子開始嘗試創造，不過孩子對自己創造的認同主要來源於父母的評價，如果父母否定孩子的行為，就可能使孩子產生一種強烈而持續的內疚感。

(4)學齡早期的勤奮與自卑感。在小學階段，兒童希望能夠對事物的道理獲得瞭解，如果成年人鼓勵兒童努力去探討，譬如搭房子，就會加強兒童的勤奮感；但父母如果把孩子的努力看做是「搗亂」或「調皮」，或者要求兒童遵守成人規則，就會使兒童產生自卑感。

(5)青春期的認同與角色混淆。進入青春期的時候，孩子的身體發生了變化，看待世界和思考問題的方式也有了重大的改變。這是因為他們的角色結構發生了較大的變化，特別是增加了一些新的角色，如男友、女友、運動員、學者及許多其他的角色。如果這些角色能夠順理成章地進入，而且在此之前已經形成了較強的信任感、自主感、主動性和勤奮感，那麼進入青春期後就比那些沒有形成這些感覺意識的人，有更好的機會獲得強烈的自我認同感和避免角色混淆。

(6)青年時期的親密與孤獨。在艾力克遜那裏，親密是指一個人在無須慮及自我認同喪失的情況下熱愛另一個人和

關心另一個人的能力，如果不能與他人親近，就會生活在孤獨之中。而親近他人的能力在很大程度上又取決於自我認同的強度。

(7)中年期的代際關懷與自我沈浸。進入中年的人，已有了豐富的人生閱歷，他們的關懷也因此超出了自己的家庭，更關心下代的成長，關心下代的生活狀況。這就是艾力克遜的「代際關懷」。如果這個年齡的人沒有形成代際關懷，就會沈溺於自我，個人的需要和舒適就會成為他們的主要關懷。

(8)老年期的完美與絕望。這是人生的最後階段，在這個時期的人已有了更多的時間來思考，如果人對自己的一生感到滿足，就會產生完美的感覺；否則，如果後悔自己在一生的過失和丟掉的機會，就會陷入絕望之中。

和佛洛伊德的理論比較，雖然艾力克遜的模型近乎完美，但批評者仍然體察到了其中的缺陷。譬如八個階段模型也是中產階級的模型，而且這樣的模型基本上是個人的體驗，是一種抽象的理想，沒有辦法進行經驗化的操作，自然也很難進行經驗研究。

在人格研究中，另一個稍晚一些的理論就是瑞士學者皮亞傑（Jean Piaget）的發生認知論。皮亞傑關心人格發展的某個局部，也即認知的發展，人學會思考的途徑，並試圖回答這樣的問題：孩子剛出生的時候，知道什麼？人怎樣獲得新知識？在每個具體的年齡，哪些知識是他們所必需的？

皮亞傑的研究指出，在人的早期發展中，對意義的獲得並不只是被動地接受資訊，而是要對周圍的世界感知進行選擇和

解釋，因此，人的學習也包括一個積極主動的過程，而且這樣的主動過程可以被分為不同的階段，每個階段都是先前階段的繼續，不僅依賴先前階段的成功，也依賴於新的思考。為此，他把人的認知過程分為四個階段：

(1)感覺運動階段。從出生到二歲左右。兒童長到四個月左右的時候，還沒有能力將自己與周圍的客體進行區分。也不能感知自己視野之外的任何存在。當兒童透過接觸客體、操弄客體以及用身體對環境進行探求，進而逐漸學會把人與物進行區分的過程就是感覺運動。透過這樣的活動，兒童理解了周圍世界的特徵。

(2)前運算階段。從二歲到七歲。在這個階段，兒童只是用自己的觀點來解釋世界（被稱之為「自我中心」），但並不理解其他人也可以用不同的觀點來看待客體；兒童掌握了語言，並試圖用語言來表述客體，以抽象形式來表現印象。但這時的兒童還不能系統地運用自己的心智能力。

(3)具體運算階段。從七歲到十一歲。在這個階段，兒童掌握了抽象的邏輯概念，並能夠運用因果邏輯。

(4)形式運算階段。從十一到十五歲。進入這個階段以後，孩子能夠掌握高度抽象和假設性的概念，譬如能夠透過假設和邏輯比較來獲得解決問題的方法。

在皮亞傑看來，人的認知發展的前三個階段具有一定的普遍性，第四個階段就不一定了，因為形式運算的發展並不是可以透過簡單的體驗來完成的，主要依靠學校的積累性教育，如果不能獲得足夠的教育，就不可能形成形式運算能力。

　　和其他人格研究理論一樣，皮亞傑理論也受到了很多批評。在理論的層面，有人認為皮亞傑的「自我中心」概念實際上是一種錯位，即皮亞傑討論的所謂「自我中心」是成年人從自己的視角出發去解釋兒童行為，是成年人的「自我中心」。還有人從方法論角度對他的研究提出了批評，認為不能從觀察少數幾個城市兒童來得出帶有普遍性的結論。

　　好了，讓我們來做一個簡短的回顧。首先，在庫利的研究中，自我只是一個模糊的概念或者體驗；而在米德則試圖將天性的自我與社會的自我進行區分，但他們都分享了同樣的假設，無論是鏡中我還是客我，都不存在與社會的衝突。其次，如果我們認為庫利和米德討論的是個體與社會協調中的「我」，那麼佛洛伊德討論的則是兩者衝突中的「我」，他特別關注了「超我」與「本我」之間的張力，而且只關注了兒童期的人格發展；在這個基礎上，艾力克遜的最大貢獻就是把佛洛伊德的模型推及到了人的一生，並使之表現出較大的彈性。第三，在前面的這些人那裏，人格都被當做了一個整體，但是在皮亞傑的研究中，他並沒有把人格當做整體來研究，而是只研究了其中的一個重要部分：認知。對認知的專題探討使我們瞭解到人的學習和思考能力的發展過程。

3.4　影響社會化的因素

　　前面我們反覆討論的是一個沒有任何能力的嬰兒是如何成為社會中的能動分子的，在那裏我們討論的對象主要是社會化的接受者，而沒有系統地討論社會化的影響因素，即什麼樣的

人或機構在對人進行社會化。不過在前面的討論中，我們已經隱約地提到了一些，譬如父母、學校等。但如果系統地看，社會化的過程涉及一系列廣泛的個體、群體和機構，其中最重要的包括家庭、學校、同伴群體和大眾傳媒。

在人們的日常概念中，家庭是人的「最後港灣」。千百年來，如果說人類的許多觀念都得到了改變的話，那麼這樣的觀念卻沒有多少改變。這不僅是因為在人生中所有的關鍵時刻，家庭都是人的最後依靠，更重要的是，從家庭中人獲得了對最後依靠的認識：家庭始終是社會化最重要的場所。從家庭開始，人不僅獲得了情感，也認識到了「我是誰」，並由此形成了在人的一生中發揮最大影響的人格。一九四九年以後，在城市社會，儘管雙親工作使得孩子照料的模式有了極大的改變，但是家庭在社會化中的主體地位並沒有太多的動搖。

在現代社會中，兒童走出家庭後的第一個正式場所就是正規教育機構，包括了從托兒所、幼稚園、小學、中學直到大學的正式教育。根據中國大陸現行的教育體制，人在能夠區分自我與客體的時候，就已經進入了受教育的流程，三歲左右就進入了幼稚園，六歲左右進入正式小學教育，十二歲左右進入初中教育，十五歲左右進入高中教育，十八歲左右進入大學教育。根據中國大陸的義務教育法規，如果加上幼稚園的時間，一個人最少也要接受十二年的學校教育，如果要讀到大學畢業，大約就是二十年的時間。根據中國人目前的預期壽命，除去嬰兒期的三年，人生大約三分之一的時間是在學校度過的。

因此，學校是人在早期社會化的過程中除了家庭以外最重要的場所。在正式教育機構中，一個對社會知之甚少的人，透過系統的教育，逐步獲得人類的知識積累，並由此習得社會的

基本規範、文化，獲得獨立生存的基本技能。此外，在與同學和老師的互動中，人開始懂得規則、權威、遵從、合作、關愛和理解等等正常人應該具備的品質。

在人的社會化中，另一個對人格產生重要影響的因素就是同伴。任何人都應該在自己的記憶中有這樣的內容，某個同伴有什麼東西，而自己沒有，便急急忙忙地跑回來，讓自己的爸爸媽媽買，或者同伴那裏有什麼新的招數，自己也跟著學。這就是最典型的同伴教育。

早期的同伴群體主要來自於鄰居、同學和親戚。幼兒期的同伴群體主要是鄰居；上學以後，就變成了同班同學；完成學校教育以後，就變成了同事、朋友。與完成學校教育之前比較，成年人同伴群體的建構更多地受到興趣、活動、社會地位和職業的影響。

如果我們把自己早期（兒童以至青少年時期）的同伴活動與家庭活動進行比較，就會直觀地發現，自己在家裏總是處於從屬地位，幾乎在所有事情上都得服從父母親的決定；但是在同伴中，我們具有獨立的決策權，甚至可以針對他人進行決策，這就是個體的獨立性。在社會化的過程中，在同伴群體中的獨立性幫助人找到了自己的位置，並對成年後在社會中尋找獨立位置構成了重要的影響，因此在社會化的過程中具有特殊的重要性，譬如許多人的領袖意識就來源於自己在同伴中的角色。

除此以外，另一個對人的社會化構成潛在影響並伴隨人社會化每個階段的就是大眾傳媒，包括報紙、雜誌、廣播和電視，其中最重要的是電視。光與音是人感知世界的兩種最基本的途徑，在所有的資訊傳遞媒介中，音像最直觀地刺激到人的

感觀神經並與人的經歷互動，進而對人的認知形成最直接的影響。正因爲如此，電視爲思考能力上處於發育中的人提供了簡捷的途徑，爲兒童提供了想像世界甚至理解世界的模板，進而直接影響了人的社會化。

根據一九九六年對中國大陸城市獨生子女的一項調查，在孩子們接觸的媒體中，平均每天接觸時間最多的是課外書，爲二十七分鐘；其次就是電視，爲二十六分鐘。而電視中的卡通角色又深刻地影響了兒童對現實世界的認識，譬如暴力。在美國，一項對電視暴力的研究表明，電視暴力確實導致了觀看此類電視節目的少年兒童的攻擊性行爲。不僅如此，另一項研究表明，電視暴力也會影響成年人的攻擊性行爲。

電視媒體的另一項影響就是廣告。相信人們都有這樣的觀察，兒童們常常不能記住大人教給的東西，卻能夠對電視上的廣告詞倒背如流。其實，廣告不僅讓兒童記住了廣告詞，更讓兒童相信那就是真的，並讓他們以此爲證據來對抗父母的權威。

當然，媒體與社會化的關係遠不僅只有這些。近年來，媒體的社會影響研究已經成爲比較廣闊的領域，並產生了大量的研究成果，而且研究的範圍開始擴展至網路。

3.5　無法速成的社會化

人常常會有很多的無奈，年少的時候常常希望快些長大，想著長大了會有怎樣的快樂；可等長到了四十歲，又常常想，如果我只有二十歲該多好，至少很多事情我可以重新來過。爲

什麼會這樣？在社會化的意義上，如果我們把年少的無奈看做是「角色借用」的影響的話，那麼年老的無奈常常是源於對人格發展的誤識，或者說社會化過程中出現了問題。在很多中國人的信念中，常常會認為人的很多東西是來自於幼年和青少年，譬如有俗語云，「三歲看小，七歲看老」，是說一個人年少時的特質會決定人的一生，人到了老的時候出現無奈，則以為是年少時的過程有問題，並希望按照自己現在的理解和設計重新來過。

事實上，人的社會化不是速成的。少年時期的過程的確會對人的一生產生重要影響，但不是全部。在人生的每個階段都會面臨不同的環境和角色期望，因此每個階段都處在學習的環境中，也處在社會化的進程中。從學生到職員，從單身到結婚，從二人世界到添丁進口，從撫小到養老，人總在面臨新的情景、新的角色期待，並試圖創造新的自我，即使在離開這個世界的那一刻也不例外，而且每個時期社會化的特點也不一樣。

從嬰兒以至兒童時期社會化的特徵，主要是人獲得自我認知的過程，這一點前面已經有了比較充分的討論。

從少年期開始直到青年期，人格甚至身體都處在戲劇性的變化中。在這個時期，人要開始學習獨立生活，也必須面對新的社會環境，譬如爭取自己在社會中的地位、扮演更多的和新的角色；其中家庭不再是他們唯一的學習資源，更多的學習資源則會包括同伴群體、豐富的社會資訊源如媒體和網路，因此更容易受到家庭以外因素的影響。人格研究的結果表明，這個時期的人也更容易依據他人對自己的看法來審查自己的人格，更容易採納他人的意見和觀點，同時也更注重表現自我。在這

樣的張力中，青少年更容易在堅持自我與否定自我之間徘徊，甚至會因此產生雙重人格。

不過在這個時期，青少年仍然依靠家庭的經濟支持。由於大多數的青少年仍然處於就學階段，即使他們剛剛參加工作，也沒有能力在經濟上保持獨立，仍然需要父母在經濟上給予支持。這樣就與青少年試圖保持自己的獨立性之間形成了衝突，並因此對人格的發展構成了重要的影響，一些時候，他們甚至會感受到自己的渺小和無力，嚴重的還會因此產生心理問題。

進入成年期以後，人的初級社會化過程已經完成，一般情況下人已經獲得了對自我的認知，對角色期待和社會規則已經有了廣泛的瞭解；內化了社會的價值和觀念，在一定程度上使自我控制成為可能。但是剛剛進入成年期的人並沒有遭遇所有必須的社會角色，譬如為人父母，因此他們仍然處於緊張的學習階段。與早期社會化不同的是，這個階段的學習具有更加明確的動機，甚至具有更大的主動性，譬如可以根據自己的判斷來選擇學習的內容，根據自己的理解來重塑自己的形象，還可以運用自己的創造性去製造角色，譬如在社會中創造某種特殊形象。

到四十歲左右，儘管人的生理尚處於旺盛時期，但在人格發展上卻進入了更年期。許多人開始對自己存在的價值表示懷疑、對自己的能力表示懷疑、對自己的未來表示焦慮。在這個時期，人會重新審視已經獲得的或失去的，並據此評價既有的社會價值觀和社會規則，對自己未來的生活和角色進行重新定位。舉一個例子來說，如果女人在年輕的時候把時間花在培育家庭上，在孩子們離開家庭以後，就會突然感受到生命的意義是如此的空洞；如果一個男子在年輕的時候拼命奮鬥，到四十

歲的時候，猛然發現自己沒有什麼成就，在孩子面前也沒有了尊嚴，對自己的未來感到茫然，這就進入了「中年危機」，是一個人一生中的坎，是社會化進程中最艱難的時刻。

不過艾力克遜認為，人最困難的態度和行為改變發生在一生中的最後歲月。到人從職位上退出的時候，就會發現，原有的社會地位、權力和聲望出現了很大變化。一些曾經身居領袖職位的人在退出以後，幾乎就認為自己的生命已經結束了。我們經常聽到這樣的例子，某某曾經是什麼長，在位的時候，享有無上的風光，可是昨天剛剛宣布退職，今天早晨走在大院裏就沒有人理了。在這個時候，人不得不再次思考「我是誰？」，當人認真思考並以昔日的自我作為參照系的時候，就會發現，我已不再：社會地位喪失、身體機能下降，並因此開始重新依賴他人。正因為如此，一些學者認為，這才是社會化過程中最艱難的時候；不過也有學者提出，這恰恰是新的教育或社會化階段的開始。

社會化過程的最後階段是死亡。人們常說「人之將死，其言也善」，為什麼？社會學家的解釋是這是一個濃縮了許多階段的社會化過程。根據一位經年研究不治之症的內科醫生（Elisabeth Kubler-Ross）的觀點，人在臨終的時候要經歷一個五階段的調適。最初是拒絕，不承認即將來到的死亡；接著是憤怒，認為自己不應該離開這個世界；第三是討價還價，譬如不斷希望做某件事或見某個人；第四是沮喪；最後是接受，面對將要臨近的死亡而保持平靜態度。

人總是要離開這個世界的，就像有人不斷地來到這個世界一樣，人的死亡不僅意味著生命的結束，也意味著給生者帶來悲傷，讓生者接受生生不息的事實。從這裏，社會學家們不僅

看到了死亡，也看到了對普通人來說非常殘酷的事實，只要人還活著，就必須得面對社會化。在人必須面對具體的、新的社會環境時候，還必須面對的另一個痛苦過程就是「再社會化」。譬如入伍以後的訓練，各種強制環境下的適應，還有從強制環境回到社會的適應，都是再社會化的例子。

3.6 《麥田裏的守望者》的啓示

一九五一年，一位從部隊退伍的人，在經歷了五年的再社會化之後，發表了自己唯一的一部長篇小說《麥田裏的守望者》。小說一問世，立即引起轟動。主人翁的經歷和思想在青少年中引起強烈共鳴，尤其受到學生的熱烈歡迎。他們紛紛模仿主人翁霍爾頓的裝束打扮，講「霍爾頓式」的語言，由此在社會中引發了異常激烈的爭論，甚至被列爲禁書。

小說的情節非常簡單。

主人翁霍爾頓是個中學生，出身於富裕的中產階級猶太家庭。他雖只有十六歲，但比常人高出一個頭，整日穿著風衣，戴著鴨舌帽，遊遊蕩蕩，不願讀書。他厭倦學校的一切，三次被學校開除。又一個學期結束的時候，他因五門功課中四門不及格被校方開除。但他並不感到難受，在和同學打了一架後，深夜離開學校，回到紐約城，但不敢貿然回家。

混沌中住進了一家小旅館，在旅館裏他看到的都是些不三不四的人，他們使霍爾頓感到噁心和驚訝。在無聊之極時，他去了夜總會。回到旅館的時候，仍然覺得煩悶，糊里糊塗地叫來了一個妓女。可是妓女一到，他又緊張害怕，最後按講定的

價格給了五塊錢，把她打發走了。

　　早晨醒來之後，他又上街遊蕩，遇見兩個修女，捐了十塊錢。後來和女友去看了場戲，然後去溜冰。很快，他就看不慣女友的虛情假意，兩人吵鬧一場，分手了。接著霍爾頓獨自去看電影，然後又到酒吧裏喝得酩酊大醉，直到用涼水澆頭才清醒過來。走出酒吧後，冷風一吹，濕淋淋的頭髮都結了冰。這時，他想到自己也許會得肺炎死去，而且永遠見不著妹妹了，於是決定冒險回家和她訣別。

　　霍爾頓偷偷回到家裏，幸好父母都不在家。他叫醒妹妹，向她訴說了自己的苦悶和理想。他對妹妹說，他將來要當一名「麥田裏的守望者」：「有那麼一群小孩子在一大塊麥田裏做遊戲。幾千幾萬個小孩子，附近沒有一個人——沒有一個大人，我是說——除了我。我呢，就站在那混賬的懸崖邊。我的職務是在那兒守望，要是有哪個孩子往懸崖邊奔過來，我就把他捉住——我是說孩子們都在狂奔，也不知道自己是在往哪兒跑，我得從什麼地方出來，把他們捉住。我整天就幹這樣的事。我只想當個麥田裏的守望者。」

　　父母回來的時候，霍爾頓嚇得躲進壁櫥。乘父母去臥室的機會，他溜出家門，來到一個他尊敬的老師家借宿。可是睡到半夜，他發覺這個老師可能是同性戀，於是偷偷逃出來，到車站候車室過夜。

　　霍爾頓不想再回家，也不想再念書了，決定去西部謀生，做一個又聾又啞的人，但他想在臨走前再見妹妹一面，於是託人給她帶去一張便條，約她見面。過了約定時間許久，妹妹才來，並帶了一隻裝滿衣物的大箱子，她一定要跟哥哥一起去西部。因對妹妹勸說無效，霍爾頓只好放棄西部之行，帶她去玩

了一陣，然後一起回家。回家後不久，霍爾頓就大病一場。

在前面的討論中，我們已經知道，家庭和學校是人獲得社會化的最重要場所，可是卻成了霍爾頓厭惡和逃避的地方，有人因此提出，社會化的過程實際上是一個人性扭曲的過程，社會化不可避免地帶來人性的扭曲。可是我們是否這樣想過，人並不是由社會透過社會化過程來操縱的玩偶，社會也是由人組成的，人是社會的一部分，社會也是人的一部分。

以語言為例，在我們學習語言的過程中，都要受到語言規則的約束，然而，對語言的掌握，又使我們的自我意識和創造性獲得了自由的舞臺，而最終，社會又因為這樣的自由和創造而獲得發展，為包括自己在內的更多的人提供了社會化的空間。因此，與其把社會化理解為對人性的扭曲（前面我們的討論已經說明，人之初，本無性），不如把社會化理解為對個性的解放。

作為一個過程，社會化讓無助的嬰兒逐漸變成了具有自我意識、認知能力的人，由此讓人的影響回到社會。社會化還將不同的世代連接在一起。嬰兒的出生會改變其他人的生活，並使社會的延續成為可能，讓父母把自己生命的意義與兒童的活動聯繫在一起。即使在人離開這個世界的時候，社會化的過程仍在延續，仍在對生者產生影響，進而把社會與個體互動的結果反饋給社會。

4. 明天可以不上學嗎?

　　成年人有意識地控制著未成年人所受教育的唯一方法就是控制他們的環境,讓他們在指定的環境中思考和感受……學校就是這種典型的環境,透過這樣的環境來影響受教育者的智力傾向和道德傾向。

——杜威《民主主義與教育》

　　杜威（John Dewey, 1859-1952），美國教育學家、哲學家，實用主義的代表人物。

　　家有小兒,一天,忽地問道:「爸,我明天可以不上學嗎?」父親一時沒有會意過來,隨口應了一聲:「嗯!」卻突然聽見了歡呼聲:「哦!明天不上學了!」父親這才想起,明天既非周末,也非假日,怎麼可以不上學呢?回頭狠狠地說:「不行,明天得去上學!否則周末不帶你去玩了。」在今天的中國,我們有理由想像,這樣的狀況絕不僅僅只發生在一個家庭,甚至每個人在自己的成長經歷中,都會有這種類似的記憶。

　　可是同時,我們又不斷從媒體中獲悉,農村每年有不少適齡兒童由於各種原因而輟學。根據「中國網」二〇〇二年三月六日的消息,二十世紀九〇年代初,中國大陸一些農村中小學生輟學率大約在4-6％,到初三時的輟學率一般在10-15％,現在這個數字已上升到30％左右,個別貧困鄉村的初三學生輟學率竟高達50％以上,遠遠高於「普九」驗收規定的3％底線。甚至部分經濟較發達地區鄉鎮的初中輟學率已達20-30％。對於農村兒童群體中的大多數人來說,初中教育已是他們的「終極教育」。

　　還有這樣一些社會現象,由於各種原因,父母不願意或者躲避承擔子女的教育費用,在萬般無奈之下,子女為求學將父母告上法庭。浙江省衢縣大洲鎮中心小學三年級十二歲的學生毛曉玫向父親討學費不僅分文未得,還挨了一頓打罵,母親又以自己生活困難為由拒付毛曉玫的學費。面臨失學的毛曉玫萬般無奈走進了法律服務所,把自己的父母告上了法庭。瀋陽十五歲少女張旭的父母在離異後的十二年中一直未盡撫養義務,使張旭面臨輟學的危險和無法生活的困境,迫於無奈,張旭只好將父母推上了法庭。類似的例子還有不少。武漢市二十歲的

劉華父母離異，父親拒絕承擔親生女兒的任何撫養費用，致使沒有經濟來源的劉華只好以半工半讀的方式艱難地維持著自己的求學生涯，爲了專科升本科的學費，在多次與父親講理不成的情況下，劉華將親生父親告上法庭，要求父親保障自己的受教育權利。類似的例子還有不少。

有的人有學不願意上，有的人想上學卻沒學上，還有的人爲了上學不惜將親生父母告上法庭。學校是什麼？爲什麼要上學？如果不上學又會怎麼樣？社會學又如何看待這些問題呢？

4.1　作爲社會制度的學校教育

從前面一講中，我們已經看到，幾乎人的一切社會特質都是透過後天習得的。早期的學者們爲了說明學習對人的重要性，甚至說人就是一張白紙，社會可以在上面塗抹任何圖畫。一九二四年沃森（J. B. Watson）就說，如果給他十二個身體健康、發育良好的嬰兒，並讓他們在他指定的環境中長大，那麼他就能夠保證把其中任意一個挑選出來的兒童培養成任何一種他選定的專家，甚至能夠培養成乞丐和盜賊，而不管他的天資、嗜好、傾向、能力、才能，以及他祖先的種族狀況。儘管沃森的觀點招來了多方面的批判，但人們仍然承認的一點就是，學習無論對個體還是對社會，都是極其重要的社會行爲。在具有一定勞動分工的社會，家庭能夠教給社會成員的能力和技藝是非常有限的，人們不得不尋求能夠替代家庭、並能夠使人獲得社會屬性的方式，學校就是一種大多數的選擇。根據中國大陸的《中華人民共和國義務教育法》，凡年滿六周歲的兒

童,不分性別、民族和種族,應當入學接受九年的義務教育。

實際上,在城市地區,大多數兒童在三歲時就已經被送入了類似於正規教育的幼稚園,在那裏不僅學習了基本的生活技能,也學習了基本的文化知識,很多孩子在上小學之前就已經學會了中文拼音,甚至能認識幾百個漢字和進行簡單的加減法。到了小學、初中以後,學生就要根據教學大綱學習規定的知識,完成國家規定的九年義務教育。通過了升學考試的學生,可以升入高中繼續接受教育,並有機會參加國家高等學校的入學考試。在高考中獲得了各省(市、區)規定成績的,透過個人自願、學校錄取的方式,就有機會進入高等學校,接受專門教育。

不過,今天我們所看到的這種學校教育模式是非常晚近才發展起來的,在一定的意義上是工業化的產物,中國最古老的大學「京師大學堂」成立於一八九八年。那麼在此之前,是否就沒有學校呢?為什麼不同的時代採用的是不同的學校制度呢?

還是讓我們從中國教育制度的源頭說起。從既有的文獻資料來看,中國的學校教育制度產生於大約西元前二十一世紀的夏商時期,到西周(西元前一一○○至西元前七七一年)就已經有了比較完整的學校教育體系,包括官學、書院和私學。其中官學與私學早在西周時期就已經建立,政府一方面透過官學培養各級政府官吏,另一方面透過私學普及文化教育。

就官學而言,早在漢朝中央官學「太學」的人數就曾經達到過三萬人;隋唐開始,中央官學中除了太學以外,還有國子學、四門學、廣文館、算學、律學、書學和醫學等專門的學科,到宋仁宗(一○四三年)時還創辦了武學;宋徽宗時(一

一〇四年）又有了畫學，在京城設立由國家負責的「小學」，並下令州縣設立小學，規定了十歲以上兒童入學和升學考試的辦法。根據《文獻通考》，至元二十五年（一二八八年），地方的官學就有了兩萬四千四百餘所；到明代，除府、州、縣和衛設立官學以外，廣大農村還設有「社學」。

　　與官學相輔相成的是私學，從春秋時期孔子創辦私學以來，始終是中國教育制度的重要組成部分，與官學一樣，除了儒家經典之外，私學也講授一般文化知識，如算學。另一種採用私學形式但又不同於私學的教育制度就是書院。從唐朝末年開始，官學的不穩定使得地方儒生不得不採用私學的方式進行教育。與私學不同的是，書院有產業，譬如宋朝的書院大都置有院田，用來進行生產活動，保證書院的基本物質和生活需求，著名的書院有白鹿洞書院、石鼓書院、嵩陽書院、嶽麓書院、應天府書院和茅山書院。據《文獻通考》記載，宋朝的書院達到三百九十七所。

　　與今天的教育制度比較，無論官學私學還是書院，對一般人而言，都好像是遠在天邊的事情。實際上，到今年為止，中國現代教育制度的發展也不過一百年而已。十九世紀六〇年代的洋務運動，使得中國政府認識到既有的教育制度已經沒有能力為政府提供更廣泛的人才了。為適應外交的需要，在一八六二至一八六三年間，清政府先後統一設立了京師同文館，並在上海和廣州分別設立了方言館；為學習西方的技術，為製造槍炮、艦船和訓練新式軍隊，又在各地創辦了與技術和軍事有關的學堂。隨著工業生產的引進與發展，以講授工業技術為主的實業性質學堂也應運而生。在這樣的條件下，高等官學，包括軍事、實業學堂所需要的基礎知識很難透過過去的「小學」而

獲得滿足，也就是說，新學與舊學之間出現了斷裂，兩者無法匹配。於是，在戊戌變法（一八九八年）之後的變法潮流和義和團運動的聲浪中，清政府表示要重新實施「新政」，一九○二年頒布了《欽定學堂章程》，一九○三年又頒布了《奏定學堂章程》。

一九○三年的學制把學校教育分爲初等教育、中等教育和高等教育三等，分別規定了各級學校的目標、年限、入學條件以及相互之間的關係。在小學之前有蒙養院（三至七歲兒童）。小學分爲兩個階段，初等小學「以啓其人生應有之知識，立其明倫理、愛國家之根基，並調護兒童身體，令其發育爲宗旨」。要求七歲入學，五年畢業。高等小學招收初等小學畢業生，「以培養國民之善性，擴充國民之知識，強壯國民之氣體爲宗旨」。沒有入學考試，修業四年畢業。

中學招收高等小學畢業生，視學校容量或考試或直接入學，如果人數不足，可直接入學；如果人數過多，則採用考試入學。這個階段學制五年，是進入大學的必經之路，畢業之後也可以直接就業。

大學也分爲兩個階段，高等學堂招收中等學堂畢業或具有同等學歷的人士，分爲三類，爲大學堂準備專門的人選。第一類爲升入大學堂的經學科、政法科、文學科、商科的預備生；第二類爲升入大學堂的格致科、工科、農科的預備生；第三類爲升入大學堂醫科的預備生。學生任選一類，學制三年。大學堂分八科（經學科、政法科、文學科、商科、格致科、工科、農科、醫科），每科又分爲若干門（相當於現在的大學專業），共有四十六門，學生可選一門，除政法和醫學需修讀四年以外，其餘均三年畢業。此外，大學堂還設通儒院，研究各科精

深意蘊，以備著書製器之所。

除此以外，一九〇三年的學制還包括了各種實業學堂，目的是「使廣大人民均有可執之業，雖薄技粗工亦使略具科學之知識」。初等實業學堂有農業、商業、商船三種，招收初等小學堂畢業生和同等學歷者，二至三年畢業。中等實業學堂有農業、工業、商業、商船四種，分設本科和預科，本科招收高等小學堂畢業和同等學歷者，學制三年；預科招收初等小學堂畢業和同等學歷者，學制二年。高等實業學堂也分設農業、工業、商業、商船四科，相當於高等學堂，招收中學堂畢業和同等學歷者，學制三至五年半不等。

這樣的學制，基本上是學習日本十九世紀末的學制，同時又保留了原有官學制度的精髓，即在保留經學教學時間的同時，一方面「從幼童入初等小學堂始……，曉以尊親之義，納之於規矩之中。一切邪說波詞，嚴拒力斥；使學生他日成就，無論為士為農為工為商，均上知愛國，下足立身，始不負朝廷興學之義」；另一方面又將學校制度與傳統的科舉制度相比照，使各科優秀畢業生獲得官職。

從上面的簡短回顧中，我們已經不難看出，學校教育，無論是傳統的官學、私學制度，還是一九〇三年的現代學校制度，都是國家制度的重要組成部分。這個制度的基本目標就是使所有接受教育的人口「上知愛國，下足立身」。

中國如此，世界各國亦不例外。在歐洲，十九世紀中葉，荷蘭、瑞士和德國已經實現了小學的義務教育；一八七〇年，英國開始實施義務教育制度，使學生離開學校的年齡從十歲提高到了十四歲；在美洲，一六四七年，美國東部的麻省和康州就要求每個城鎮都要開展學校教育，到一九五〇年之前，所有

的州都實施了免費的初等教育。初等教育在全球範圍內快速發展，使得一九四八年發表的《世界人權宣言》將受教育權利作為了一項基本人權，並明確指出，「人人都有受教育的權利，至少在初級和基礎教育階段實行免費的、強制性教育。還應該充分提供技術及職業教育，並為每個人提供平等入學的高等教育機會」。一九五一年，聯合國教科文組織在全球範圍內進行了一系列強制性義務教育宣傳活動。

　　儘管各個國家在兒童上學年限、教育組織形式上有很大差異。舉例來說，根據《經濟學家》雜誌一九九六年的報導，一九九二年時，美國人口的平均受教育年限為12.4年，俄羅斯、立陶宛、拉脫維亞、愛沙尼亞為九年。根據一九九〇年中國大陸的人口普查資料，當時全國人口的平均受教育年限為6.4年，只是美國人口的一半。但是在任何國家，教育始終是國民素質培養的搖籃，社會化的基本含義正在於此。

4.2　學校教育的功用

　　對教育的功用，社會學研究中有多種觀點，我們可以從教育者和受教育者兩個角度來試著理解教育為什麼會作為一項重要的社會制度存在於各種類型的社會。

4.2.1　受教育者視角

　　現在人們都知道文化重要，或者像一些人理解的那樣，文憑重要，無論是農民工進城打工還是大學畢業生求職，所有用人單位首先要看的就是文憑。對個體而言，每一個希望得到一

份體面工作或想擁有社會所承認的正常生活的人，都必須接受專門的教育。舉一個例子，如果你要在大城市的大街上掃馬路，也許你可以是一個文盲，但是如果你要在五星級的高級飯店裏看廁所，至少也得要高中畢業，甚至還要求你會幾句洋文。

不錯，現代社會的就業機會的確圍繞著文憑在轉，說確切一些，是圍繞著文憑的屬性在轉。舉一個例子，如果你手裏拿著的是××大學的文憑，也許會受到很多用人機構的歡迎，與其他學校的文憑比較，相同級別的文憑，也許就比其他人獲得更多的報酬和更容易獲得晉升；當然也有反例，二○○二年在中國國際展覽中心的人才招聘會上，有家外資企業就公開掛出招牌說，「北大、清華的學生免談」。當記者問及緣由，招聘方則說，北大、清華的學生眼高手低，思維能力強，但動手能力差，而且容易對現狀表現不滿，難於管理。儘管如此，如果你要就業，尤其是在現代工業社會中找到一個職位，你就得有一張文憑。因此從個體的視角來看，學校教育的功用首先是一張進入社會的通行證，進入到社會的哪個層次，得看你拿的是一份什麼樣的證件。

學校教育的第二個功用是為個體的社會流動提供渠道。事實上，從三國時期實行九品中正制度，隋文帝時開始實施的科舉制度，直到今天的高等學校入學考試制度，不僅是國家選拔人才、唯才是舉的重要手段，對於個體而言，也是中下層社會成員向上流動的正式渠道。且不說科舉時期的中狀元，只說一九四九年以來，尤其是在城鄉戶籍分離以後，對於農村子女而言，這是他們進入城市社會的有限渠道之一，而且是最直接、最沒有阻力的渠道。根據中國大陸教育部的消息，二○○一年

中國高等學校招生總人數達到二百零五萬人，僅以20％的農村生源計，這就意味著大約有四十一萬農村戶口的人有機會進入城鎮。根據二〇〇一年《中國統計年鑑》，二〇〇〇年中國大陸高中在校人數為12,012,643人，其中農村為1,578,112人，占高中在校學生數的13.13％。這裏我們暫且放下受教育機會的公平性問題不談（後面會專門討論），如果簡單地用三年來平均高中在校人數，這就意味著，農村考生中大約78％的畢業生升入了大學。對於目前城鄉差距仍然存在（如城鄉戶籍仍然蘊涵著就業機會差異）而言，高考也無疑是最有效的向上流動方式。其實這樣的道理不僅對農村生源適用，對城鎮生源也同樣適用。這也是為什麼無論城鄉，父母總是特別重視子女教育的最重要原因。

如果說上述兩項功用直接關係到個體的物質利益和社會地位的變動，屬於有形的功用的話，那麼對於個體而言，另一項重要的功用是非物質性的、無形的，但卻是學校教育最重要的功用之一，那就是「修身」，或者說是價值觀的習得。在中國文化中，「修身」是一個意義豐富的表述，有人解釋道，「修身在正其心」，身有所忿懥，則不得其正；有所恐懼，則不得其正；有所好樂，則不得其正；有所憂患，則不得其正。心不在焉，視而不見，聽而不聞，食而不知其味。這是說，修身的宗旨在於讓人具有一個社會所需要的品質，使其心正。而完成這樣的過程，學校教育是最重要的方式，這就是《三字經》所說的「人不學，不知義」，知書才能達理。對此，帕森斯提出，透過學校教育，個人的人格得以訓練，這樣社會化如同發展個人的責任感與能力一樣，在個體未來的角色扮演中，是最基本的起點。在美國的研究中還發現，受教育程度對態度和見解有很

大的影響，一個人的受教育程度越高，就越有可能拋棄偏見和
狹隘的觀點。

　　另一個與修身有關的就是技能的習得。家庭教育所能傳授
的只是祖傳的技能，而學校教育卻可以讓每一個家庭的子女有
機會成為領航員、電腦工程師甚至哲學家。在現代社會，個體
的技能已經越來越少地來自於家庭的薰陶，越來越多地來自於
學校教育。與修身和技能相關的知識學習就更是如此，儘管我
們可以找到「自學成才」的典型案例，但是更多的成才者仍然
是學校教育出來的。積累前人的知識是進行知識創新的基礎，
因此學校教育更多地為個體進行創新提供了集約式的前提。

　　當然，個體的社會行動都是在一定的社會環境下發生的，
學校教育針對個體的功用同時也是針對社會的。

4.2.2　社會的視角

　　對社會而言，教育的第一個功用就是將社會的文化和價值
觀念傳達給個體。根據杜威（John Dewey）的說法，學校教育
就是提供一種環境來影響受教育者的智力傾向和道德傾向。學
生在學校，除了學習書本上的知識和技能以外，學校的組織形
式、教學活動方式、部分的教學內容都傳達給學生一個清楚的
信號，什麼是「對」、什麼是「錯」。對對錯的區分是一個社會
基本價值觀念的表達，也是一個社會文化的重要組成部分。而
一個社會的共同價值觀念，就如涂爾幹的「集體意識」一樣，
是一個社會的凝聚紐帶，是維護國家利益的社會基礎。因此對
社會而言，學校教育的第一個重要的功用就是透過傳授社會共
同的價值觀和文化，延續和加強社會的凝聚力量。

　　第二個重要的功能就是進行社會控制。在傳授社會共識價

值觀的同時，學校也在向社會的下一代轉達社會的規範。對規範意義的理解與內化，使得學生明確地知道什麼樣的行為是社會認可的，什麼樣的行為是社會禁止的。舉一個例子，在學校中，打架和罵人是被禁止的。學校不斷地告誡學生，打架和罵人不僅是不道德的行為，同時也是對他人的侵犯，而社會共識的行為準則（法律）對這樣侵犯行為是有制約的，因此學校對具有如此行為的學生也有相應的處罰行為。在這裏，處罰更多地表現了對社會規範的強調，讓學生明白，個體的行動是受到社會控制的。

讓學生瞭解社會控制的另一種方式就是「打分」。所有學生的學業成績都是透過分數來表達的，讓學生面對分數不僅是告訴學生你對什麼樣的知識還不瞭解，更重要的是讓學生知道，社會對知識的要求是有統一標準的，而且這樣的標準具有強制性和權威性，達不到某種標準就會得不到社會的認可。舉例來說，六十分標準。在中國，從小學開始的學校教育中，對學生成績的評判基本上採用的是一百分制，並用六十分作為及格標準。六十分意味著什麼呢？基本的含義就是，對於要求掌握的知識，必須要掌握大部分。在這個意義上，分數標準就變成一種社會權威，學生必須服從權威，並得到權威的認可。

社會控制的第三個方面就是，在一定的意義上，學校不僅充當了教育者的角色，同時也充當了監護人的角色。從進入幼稚園開始，兒童和青少年的白天時間基本上都是在學校裏度過的，學校用教學活動來填充一個人在進入成年之前「不能控制自己行為」的時間，並教育學生如何控制自己的行為，使得學生不可能用「不能控制自己行為」的方式對社會造成危害，同時也保證社會下一代的安全。

　　學校教育的第三個重要功用就是進行篩選和儲備。社會中的勞動分工是一個普遍現象，在工業化社會甚或將來的資訊化社會，分工的細密化要求人們掌握不同的知識，而每個人的能力獲得常常受到多種因素的影響，在知識的獲得方面也會表現出很大的差異。如何讓每個人能夠找到自己合適的位置，同時又使所有社會的勞動分工、職位獲得適當的人選，學校在一定意義上就扮演了鑑定人們知識水平和能力的角色。

　　在篩選和鑑定的過程中，考試是一個重要機制。透過考試，一方面將不同能力和知識結構的人送往不同的職業候選類群，另一方面幫助學生瞭解自己的能力和知識，使學生明白如果要改變自己的職業就需要補充哪方面的知識與技能。

　　除了進行篩選以外，學校教育也是一個社會人力資源的重要儲備。一個可以直接觀察到的現象就是，當勞動力市場需求旺盛的時候，人們就會帶著自己的知識和技能進入工作崗位；當難找工作的時候，人們就會回到學校學習，以備將來的進一步發展。這樣的現象不僅中國有、美國有，西方其他國家也有，在工業化社會尤其如此。

　　對於社會而言，學校教育不僅傳播既有的知識，而且也是知識創新和發展的重要基地，因此，教育的另一項社會功用就是促進社會的發展和變遷。在任何國家，高等教育的職能不僅是教學生學習知識，而且要教育學生如何透過科學研究來創造知識。舉例來說，中國大陸政府每年在高等院校投入了大量的經費進行科學研究，其中的一部分就是透過老師帶學生的方式在進行。在老師帶學生的過程中，社會的創造力獲得了延續，無論創造的成果可以馬上應用還是需要透過其他的環節才能應用，都意味著是一股促進社會發展和變遷的力量。

師生的關係不僅表現在技能的傳授方面,也表現在思想和價值觀的交流上。因此,學校教育對促進社會發展的另一個功用領域,就是讓年輕的一代學會用自己的頭腦思考社會的問題和尋求解決問題的途徑。一個經典的、極端的例子就是北京大學和「五四」運動的關係。一個現實的例子就是中國大陸在實施改革開放政策過程中的知識創新與發展,如對市場經濟、法治、民主等等觀念的理解、傳播與發展。

因此,綜合兩方面的功用,我們可以說,在社會的歷史發展中,已經存在了一些使社會能夠順利運轉的知識,個體如果不瞭解知識,就很難成為社會的一員;而使個體瞭解這些知識的捷徑就是學校教育。學校教育不僅使社會的下一代獲得了知識,也保證了社會的延續和發展。

不過,如果這就是教育作為一項社會制度的全部,社會中的每個成員就應該有接受教育的平等權利,而且像沃森說的,每個人可以成為他想成為的人,可是開篇的事實已經告訴我們,人們接受教育的機會並不是平等的,每個人更不可能透過學校教育而成為他想成為的人。為什麼呢?因為教育還有另外的一面,要不然就不會有那麼多家長為孩子的就學問題犯愁了。

4.3 學校教育的批判

如果要問家長們為自己的孩子犯什麼愁?所有的家長都會給出相同的答案:「學習」。可是在社會學家看來,這兩個字在不同的社會背景下,卻有著極其不同的含義。這裏我們想用中

國的升學制度作爲例子來討論。

前面我們已經簡要地介紹過，在中國大陸，根據法律規定，小學和中學屬於義務教育的範圍。可是整個的學校教育活動並沒有就此結束，從高中開始，整個教育就進入了另一個制度體系，那就是升學制度。透過統一的升學考試，依照考試分數的高低來確定學生是否進入下一個階段的學習。

問題是，學校教育和知識獲得都是累積性的，如果沒有很好的知識積累，就不可能進入下一個階段，如果要考入高中，在初中就必須認眞學習；同樣，如果要想在初中有很好的成績，在小學就必須好好學習。這樣，即使是在義務教育階段，爲了應付高中的入學考試，從小學開始，學生不得不接受升學考試制度的約束。

不僅學生要接受升學考試制度的約束，學校也不例外。由於升學制度直接決定著人們未來獲得職業、社會經濟地位、聲望的基礎和起點，家長自然對學校寄予厚望，希望學校能夠爲自己孩子的「前途」提供順暢的通道。如果只有一兩個家長如此，倒也罷了，不會對正常的義務教育構成影響，問題是哪個家長不希望自己的孩子有美好的前程呢？這樣，家長的力量無疑構成了一股強大的社會壓力，學校不得不對這樣的壓力作出反應。與此同時，家長的壓力也針對了現行的教育制度，政府也不得不制定相應的政策，鼓勵學校滿足家長的要求。

可是如何才能滿足家長的要求呢？除非所有的人都有平等的機會進入高中甚至大學接受教育；或者所有的人都能夠獲得「好老師」的指導。可是，在今天的中國大陸，高等教育機會仍然屬於緊缺資源，即使是每年招收三百萬人，與二○○○年初中畢業生 1,633 萬、小學畢業生 2,419 萬比較，仍然是杯水車

薪，初中畢業生中大約只有五分之一有機會進入大學。在每一個學生都想進入大學的情況下，好的小學和好的初中，甚至好的老師就成爲了另一種緊缺資源，每個家長都希望自己的孩子能夠進入好的小學、初中，以便中考時有更多的機會進入好的高中，進而有機會進入大學。如果完全採用這樣的做法，義務教育的社會基礎也就完全被瓦解了。

爲了保證義務教育的性質，中央政府乃至地方政府都有相應的法律和法規，試圖阻止社會力量對教育資源的惡性搶奪，譬如採用就近入學，小學升初中取消考試，對跨區入學的採用高額收費等等，但所有這些並沒有遏制升學制度的影響。一方面，高中並不接受義務教育法的約束，而且在歷年的高考中，各地的每一所高中早已被社會納入了三六九等，各類學校已經在社會中獲得相應的位置。另一方面，爲了保證本學校的聲譽（升學率），學校內部不得不採用相應的辦法，分班就是一種通用的辦法。

從小學開始，依據考試成績，學生被分成了不同的班級，「實驗班」、「升學班」、「資優班」，有各種類型；學校爲每種類型的班配置不同的資源，譬如把最好的老師和教學資源配置給實驗班，讓實驗班使用不同的教材、不同的教學方式，甚至不同的考試試卷和評分標準。小學如此，初中亦然。等到中考揭榜，考上重點高中的人數，變成爲了學校教學質量的社會標準。在這樣的條件下，無論小學還是中學，爲什麼要把精力放在義務教育上呢？

這樣的現象不僅中國大陸有，幾乎在任何國家都存在。在新加坡，在小學階段，學生就被分成了各種前途不同的班級；根據《觀察家》的報導，在英國，人們也透過花錢、搬遷、謊

報住址、透過關係、改信某種宗教、資助學校等等方式來保證
自己的孩子能夠進入「好學校」；根據奧克斯（Jeannie Oakers）
的調查，在美國，分班也是一種默認的通行制度，不同成績的
孩子被分在不同班級，所有的名牌大學也更願意招收聯考中獲
得好成績的學生，甚至還要安排單獨的考試；在日本、韓國，
還有香港、臺灣，都有類似於中國大陸的高考制度，從小學開
始，學生也被分在不同程度的班級。

　　分班制度的結果是，在孩子們尚沒有理解社會基本含義的
時候就被社會貼上了某種標籤。社會學的研究還進一步指出，
這樣的標籤直接影響了孩子以後的發展。奧克斯的研究指出，
在同一個年級，學生之間也用標籤來界定，在好成績群體中的
人就被認為是成績好的人，別人這樣看，自己也這樣看；反之
亦然。不僅如此，更加普遍的情況是，成績好群體往往會得到
善待，學校和老師不僅會花更多的資源在他們身上，也會以他
們為榮；成績差的群體往往被應付，在課程質量、教學資源等
方面都會獲得更差的待遇。美國如此，英國也不例外。

　　從既有的研究結果來看，在有分班制度的地方，分在較差
班級的學生往往會像其他人一樣，認為自己就是笨，在任何需
要廣博或專門知識的事物方面就是不如「升學班」的學生，甚
至根本就不可能成功。由此，他們對更高職業的渴望漸漸消
失，等到一定的年齡，往往會輟學。對中國大陸農村適齡兒童
輟學的研究結果表明，最先離開學校的往往是班上成績最差的
幾名。老師認為他們不行，家長認為不值得繼續投資（包括時
間和金錢），自己也認為沒有前途（升學的希望），不離開學
校，還等什麼？

　　從衝突論的立場來看，似乎順理成章、非常合理的分班制

度，實際上是強化了既有的社會分層結構。因為表面上看，分班是為了保證按照每個學生的學習能力來安排教學，避免使學得快的學生感到枯燥、使學得慢的學生有挫折感。事實上，是把社會中已經存在的社會分層體系搬到了課堂上。

威利斯（Paul Willis）的研究從另一個角度表明，學校的確在複製既有的社會結構。工人階級的子女輕視學校的等級結構，輕視「聽話」的學生，而為自己的自由自在行為感到自豪，並從學校制度看到了社會的結構。不過與其他研究結論不同的是，威利斯的研究表明，工人階級的子女並沒有為不能獲得更高收入的職業而感到自卑，也不因為從事如安裝輪胎、修理管道等體力類型的勞動而感到自卑，相反，他們有一種輕鬆的優越感。

魯特（Micher Rutter）對倫敦學生的研究表明，學校在維持既有社會結構方面的確發揮了決定性的作用，但同時，學校的組織和環境也可以消除外部因素對學業成績的影響。農村學生進入重點大學的事實也是一個很好的佐證。

不過仍然有學者為學校教育制度辯護，認為學校的分班制度不是學校一廂情願，而是因為不同來源的學生的確在學業方面有很大的差異，因此學校並沒有強化社會的既有結構。在美國的研究中有大量的事實都表明，分在較差班級的學生更多地來自於少數民族、中低階層社會的家庭。二十世紀六〇年代，柯爾曼（James Coleman）曾經做過一項研究，蒐集了大約五十萬學生的資訊，結果表明，學校所提供的物質條件對學生的成績影響不大，決定性的因素還是學生的背景，包括家庭、鄰居和同伴環境。學生背景使學生獲得了一種認同，那就是他屬於哪個群體，並把這樣的認同帶到了學校，又從學校帶到了成年

生活中。

可想而知的是，柯爾曼的研究在西方社會引起了激烈的爭論，並把戰火引向了學校教育以外的對智力、學業和職業成就之間關係的討論。

4.4　爲什麼一定要考試？

對學校教育制度的另一種批判是針對考試的。一方面，人們要不斷地參加考試，從進入幼稚園開始，人們就要面臨考試，課程考試、期中考試、期末考試、升等考試、升學考試，一直考到從學校畢業，參加工作以後還要面臨各種考試，資格考試、能力測試、晉升考試，實在是煩不勝煩。另一方面，人們又蒐集各種證據來證明，考試並不能說明什麼問題，尤其是不能說明人的實際能力，成績好的學生不一定就能力強，成績差的學生也不一定就能力差。

一項對哈佛大學畢業生的追蹤調查顯示，在畢業生們人到中年的時候，根據他們的職業進行評估，發現那些在學校裏成績好的與成績不那麼好的學生比較，在職業地位和成就方面，前者比後者只是略好一點點。對在貧民窟長大的學生的追蹤研究同樣顯示，智商與以後的職業成就只有一小部分關係。

無論科學研究的結果如何，也無論在哪裏，人們都還得面對考試，於是所有的批評都針對考試來了。以高考爲例，在「中國中小學教育教學網」的首頁就有這樣一段描寫：

> 黑色七月正在降臨，悶熱與陰霾致使所有與高考沾邊

的人透不過氣來。一個年輕公民十二年的教育前途就懸繫於每年七月的三天。看著精疲力竭的考生、憔悴的家長、著了火一樣的學校，我們不禁要質問：為什麼減負與素質教育的浪濤怎麼也淹不過高考一條「分數線」？接受高等教育到底要付出多高的代價？這種競爭平等嗎？這樣分配受教育機會公平嗎？

說到高考，人們不僅質疑高考的公平性，更對高考制度發出了最嚴厲的譴責。考生自殺輕生是高考的錯，高考不中，拿刀弒父是高考的錯，考試（集體）作弊是高考的錯，考上大學以後依然迷惘還是高考的錯。為此，眾教授更對試卷提出質疑；對種種社會的惡習剖析也試圖從以高考為代表的考試中找到根源；山東省青島市的三名考生甚至帶著律師跑到北京，向中國大陸最高人民法院遞交行政訴訟狀，起訴教育部侵犯了公民的平等受教育權；更多的人還質疑，為什麼北京地區的錄取分數線要比某些地區少一百五十分。清醒的學生甚至也知道，考試只是考試，而未來並不是靠考試就能解決的。可為什麼一定要考試呢？

還是讓我們用高考作為例子來進行簡短的分析。

前面已經討論過在中國大陸初等教育中存在的制度衝突，即以義務教育為主要目標的小學和初中教育由於高中實施升學制度的干擾，而徹底瓦解。那麼在升學制度中，是否可以不採用考試制度呢？在回答這個問題之前，首先讓我們看看，考試是什麼？

只要我們將現有的各種考試做一個簡單的調查就可以發現，考試基本上有兩個大類：基本知識測試，檢驗考生對所要

求知識的掌握程度；專門能力測試，測試對從事專門工作所需的知識和技能的掌握程度。顯然，學校教育中的考試屬於第一類。

學校教育的基本職能之一是傳播知識，義務教育的基本理念是讓每一個社會成員都享有接受教育的平等權利，因此，在理想的狀態下，兩者之間是一種自然的結合：一方傳播知識，一方享有獲得知識的權利。可是在做這樣的設想的時候，我們是假定了人們自願地接受教育，學校毫無偏見和倦怠地傳播知識，否則就不存在所謂的理想狀態。問題是，我們怎麼能夠保證傳播知識和接受教育的權利不被濫用？又如何說明雙方的權利都沒有被濫用呢？

人們必須尋找適當的測量工具。除了考試，我們還有其他更為簡捷和有效的測量工具嗎？自從有學校教育開始，人類社會為此已經探索了多少個世紀，至少到今天為止，還沒有找到替代考試的其他工具，考試仍然是幾乎所有學校教育中最通用的約束實施教育和接受教育雙方不濫用各自權利和檢驗知識傳播效果的工具。

那麼升學中是否可以不採用考試制度呢？因為升學既不涉及權利濫用問題，也不涉及檢驗知識傳播效果問題，更不涉及從事專門工作所需要的知識和技能問題，為什麼要考試呢？在分析邏輯上，對升學考試的探討已經超出了我們對考試的簡單分類和分析。在前面的分析中，當我們說到實施教育和接受教育雙方的時候，我們有一個基本的假設，那就是雙方之間不存在任何衝突。但在中國大陸的教育體制中，這個假設並不存在。以二〇〇〇年各個階段的畢業生人數為例，小學畢業生為2,419.2萬人，初中畢業生為1,633.5萬人，高中畢業生為301.5

萬人：以這三個數字爲依據，在理想狀態下，假設所有的小學
畢業生都升入初中，再升入高中，則三年以後的高中的招生能
力要擴大八倍，再過三年，這些高中畢業生如果直接升入大
學，則大學的招生能力要擴大十二倍（二〇〇〇年中國大陸高
等院校招生人數大約二百零五萬）。從義務教育到升學教育的轉
換中，實施教育和接受教育的雙方之間，存在著嚴重的供需衝
突。由於高中教育的目的主要是爲升入大學做準備，所以高中
招生就必須儘量緩解升入大學時的供需矛盾。

問題是用什麼樣的辦法來解決這樣的衝突呢？讓我們先討
論中學。

如果歷史地進行考察我們就會發現，人類在摸索公平教育
的歷程中已經嘗試了可以找到的所有方法來試圖解決這樣的矛
盾。

第一種被廣泛採用的方法就是推薦。「推薦制」的一個基
本假設就是要有一個公正無私、瞭解和洞察學生一切，並不受
各方干擾、壓力，將最優者推薦上去的「知情者」。但實際上，
任何社會都不存在這樣的「知情者」。因此「推薦」實際上是不
公平、腐敗的同義語。在大陸「文革」時廢除考試並實施「推
薦」，結果是使推薦本身變成權力的鬥爭場；現在仍然保留的
「推薦」在許多地方也成爲了權勢者的特權。臺灣取消聯考（相
當於大陸的高考），旋即出現舞弊，有學者就明確指出，多元入
學對弱勢家庭學生不公平，因爲多元入學要用多種競賽成績作
爲評審標準，學生必須準備許多相關資料以備審核，而且每一
次入學申請都要交付費用。家境較好的學生，可以花大筆鈔票
參加各種競賽，甚至印製精美的個人資料冊，而中下階層家庭
的學生缺乏這樣的條件，在升學競爭中就處於弱勢。有校長指

出，高中生推薦資料證明文件造假比率高達七成以上，大學在審查時不勝負荷。

　　第二種被廣泛採用的方式就是繳學費。繳學費的基本訴求就是，把繳納費用作為獲得接受教育資格的基本條件。在工業化國家的非義務教育中，這是一種普遍採用的方式，不僅私立中學可以透過繳納學費的方式獲得就學資格，公立學校亦如此。不過這種方式的嚴重缺陷是排除了社會的弱勢群體。為了彌補這樣的缺陷，私立學校設有獎學金制度，公立學校還有免費制度。同時，滿足這些制度能夠正常運作的一個重要前提條件就是，提供教育和接受教育的雙方之間不存在不可調和的供需矛盾。

　　第三種廣泛採用的方式就是就近入學。這是最近幾年許多地方採用的方式，目的是試圖讓所有的受教育者在一定的地域範圍內享有接受相同教育的平等權利。但在實施中，由於前面提到的升學制度對義務教育制度的影響，家長還是想盡辦法讓孩子擇校，權力、關係、金錢蜂擁而入。由於擇校活動本身沒有制度約束，加上好學校、升學班數量的極其有限，對於社會的弱勢群體而言，即使拿著錢也不一定能獲得「門票」，甚至「想繳交這幾萬塊錢還要求爺爺告奶奶」，因此，在擇校中充滿各種黑幕也就不足為奇了。中國如此，前面提到的英國也不例外。

　　第四種曾經被採用的制度就是為所有人提供機會。在文化大革命中，從小學一直到高中，基本上實施的是免費教育制度，但那樣的制度是有特殊的其他制度作為支撐和保證的，包括社會財富的分配制度、組織制度和意識形態。同時，讓學者們不斷反思的是教育活動的質量，勤工儉學、學工和學農活動

使得學生用於書本知識學習的時間大爲減少，加上師資質量和數量的約束，使得高中畢業時的知識水平約相當於現在的初中水準。

　　所有這些都不能解決我們的問題，升學考試便成爲了唯一選擇。事實上，幾乎在所有提供學校教育的地方，尤其是在教育資源本身存在差別甚至教育資源短缺的地方，升學考試仍然是一種主要的、公平的、競爭性的、讓受教育者獲得更好受教育機會的方式，即使在採用學費制度的學校，升學考試也是獲得獎學金和免費資格的唯一手段。儘管我們可以詛咒考試的種種弊端，但在目前的社會環境下，與其他各種方式比較，考試仍然是唯一的、能夠爲所有受教育者提供公平機會的唯一手段，儘管不是最好的，但卻是最有效的。在獲得更加有效的、更好的手段之前，升學考試和其他考試一樣仍然是最適用的形式。在統計學的意義上，如果試卷能夠正確測量需要測量的對象，考分就是考生水平、能力的體現。

　　不僅升學考試如此，各種考試的道理都一樣，大概這就是爲什麼考試作爲一種選擇機制存在於所有社會的根本原因。

4.5　教育與不平等

　　教育與不平等的關係是社會學關注的主要議題之一。前面引述的很多研究都是對這個問題的經典研究，譬如柯爾曼對教育與種族不平等的研究、詹克斯（Christopher Jencks）對教育機會均等與社會平等關係的研究等。這裏我們將以一份網路上的議論爲例，首先討論城鄉教育機會的問題。

　　有人曾經在網路上討論，說農村人與城市人比較，接受高等教育的機會只有城裏人的十六分之一。討論引用了幾個數字：(1)城鄉人口之比為2：8；(2)一九九九年底《中國青年報》的一篇報導指出，對北京多所高校兩千餘名學生的抽樣調查中發現，在這些學生中，來自北京的學生占28％，北京以外城市的學生占30％，北京以外小鎮的學生占24％，來自農村的占18％。並用這些數字說明，城鄉人口實際上享受高等教育的機會比尚不到8：2。

　　在分析這種現象成因的時候，作者提出了：(1)高考錄取分數線的劃線不一，譬如北京考生比湖北等地考生少一百餘分；(2)中考機會不均，譬如一九九八年七月，山西省太原市公布該年度的中專分數線城鎮考生為三七六分，農村考生為五三二分；湖北「嘉魚一中」設定的錄取分數線的要求農村學生比城鎮學生高五十至八十分。

　　作者總結說，由此可以看到，國家的教育資源（假設為「十」個「果子」）是這樣分配的：僅僅占人口二成的城市人分得了「八」個「果子」，每個分配單位平均得到了「四」；而四倍於城市人的農村人口數量，即八成農民，分得了「二」個「果子」，每個單位得到了0.25。最後，用4除以0.25，說明城市人接受大學教育的機會是農村人的十六倍！

　　在這裏作者把中國大陸高等教育機會的不平等歸結為城鄉制度安排。情況果真如此嗎？

　　在上一節的分析中我們已經知道，在高等教育甚至高中教育以及「好學校」仍然是學校教育中稀缺資源的條件下，考試是解決資源分配問題的公平手段。既然在城市和鄉村實施的都是考試制度，那麼在農村人口仍然占社會總人口80％的條件

下，在高等學校中，城市生源多於農村生源的現象又是怎樣出現的呢？是城鄉制度安排的結果，還是由於中考機會不均、高考機會不均造成的？

如果從嚴肅的學術態度出發，我們至少需要知道這樣一些基本數據：歷年分城鄉的小學入學人數（入學率）、畢業人數、升學人數，初中入學人數、畢業人數、升學人數，高中入學人數、畢業人數、升學人數。然後用兩組資料進行比較，說明城鄉適齡人口接受教育的差異，透過比較差異來檢驗全國高等學校學生的實際戶籍構成，並對所觀察到的現象進行解釋。

在缺乏上述調查資料的情況下，我們也可以根據可得到的資料進行嘗試。讓我們用二〇〇〇年的資料進行推算。二〇〇〇年參加高考的學生於一九九七年進入高中，一九九七年初中畢業的學生於一九九四年小學畢業，一九八八年進入小學，根據可以得到的統計資料，一九八八年全國適齡兒童入學率為97.2％，暫且以100％計算，也就是說，全國適齡兒童入學的機會基本上是均等的。從二〇〇〇年的《中國統計年鑒》我們得知，二〇〇〇年全國小學畢業生人數為2,419.2萬人，其中農村小學畢業生的人數為1,567.6萬，城鎮小學畢業生的人數為851.6萬，城鎮畢業生占總畢業生人數的33.7％。二〇〇〇年中國大陸初中畢業生人數為1,607.1萬人，其中農村初中畢業生人數為903.8萬人，城鎮初中畢業生的人數為703.3萬人，城鎮畢業生占畢業生總數的43.8％；二〇〇〇年中國大陸高中畢業生的人數為301.5萬人，其中農村高中畢業生人數為39.2萬，城鎮高中畢業生的人數為262.3萬人，城鎮畢業生占畢業生總數的87％。如果用這個比例來分析《中國青年報》提供的資料，就會發現13％的農村考生獲得18％（暫且不論這個比例是否有代表性）

的高等教育機會。因此在這個意義上說，一個直觀的判斷就是，農村與城鎮考生接受高等教育的機會不均等是站不住腳的。那麼問題到底出在哪裏呢？

　　從二〇〇〇年資料來看，城鎮小學畢業生占畢業生總數的比例與城鄉之間總人口的比例基本接近，因此我們可以說，在小學教育階段城鄉之間的受教育機會基本上是均等的。到初中，就已經開始失衡了，問題在哪裏呢？為此我們需要瞭解初中入學狀況。從二〇〇〇年的《中國統計年鑒》我們進一步瞭解到，二〇〇〇年中國大陸初中招生人數為2,263.3萬人，其中農村初中招生人數為1,265.9萬人，城鎮初中的招生人數為997.4萬人，城鎮招生人數占招生總人數的44.1％。從招生所占比例（44.1％）與畢業生所占比例（43.8％）的比較來看，在初中階段，城鎮學生在初中階段流失的比例大於農村或者相當（如果能夠找到歷史數據就明確地說明大於或者相當）。也就是說，在初中入學這個環節上，城鄉之間開始出現差距，至少有10％左右（44.1-33.7）的農村六年級學生在完成了小學學業之後就離開了學校，沒有繼續享受義務教育的權利。

　　讓我們再看高中的情形。二〇〇〇年中國大陸高中招生人數為472.7萬人，其中農村高中招生人數為64.4萬人，城鎮高中招生人數為408.3萬人，城鎮高中招生人數占招生總人數的86.4％。從招生所占比例（86.4％）與畢業生所占比例（87％）的比較來看，在高中階段，城鄉學生在高中階段流失的比例大致相當。同樣，重大的差異出現在高中入學上，與城鎮學生作為總體比較，農村初中三年級的學生至少有40％（86.4-43.8）左右在完成了初中學業以後，就離開了學校或者沒有機會透過升學考試進入高中。

　　由此我們發現，中國大陸的教育機會不平等問題不是出現在高考階段，而是出現在義務教育制度與升學制度的銜接處。在義務教育階段，城鄉人口的受教育機會基本一致，但在進入升學教育以後，重大的差異出現了。至於是什麼原因構成了這樣的差異，正是社會學家們感興趣的問題。遺憾的是，現在我們尚沒有見到很有說服力的研究。

　　儘管如此，我們還是可以得出結論說，失去接受更高教育的機會使農村人口失去了更多的競爭機會和獲得更高經濟收入的機會，進而導致了社會中的不平等。因為既有的研究已經顯示，個體在現代社會中的競爭力與受教育程度有關，作為競爭力的一項指標，個體的收入也與受教育程度密切相關。

　　根據《美國統計摘要》，在二十世紀九〇年代中期，以會計學為例，有碩士學位的就業者比有學士學位的就業者的年收入要高出15％左右；以電腦科學為例，兩者之比，高出的比例為30％左右，如果有博士學位，則比碩士學位要高出60％左右。

　　詹克斯的研究進一步指出，幾乎所有類似的研究都表明，受教育程度越高，職業地位就越高，收入也越多。即使是來自同一類型家庭、原來考試成績一樣、最初職業也相似的人，大學畢業的比高中畢業的人最終獲得的職業地位要高。在同樣的背景下，念完高中的人比沒有念完高中的人，收入要高出約51％；大學畢業生比大學沒畢業的人，收入要高出76％；「好」大學的畢業生比一般大學的畢業生，收入要高出28％。艾倫（Robert C. Allen）根據一九九一年加拿大人口普查資料的研究，也獲得了類似的結果。

　　根據《中國青年報》的報導，湖北省統計局的一項調查表明，大學本科及以上學歷者的年均收入，比只有小學程度的人

高出七倍；《生活時報》的報導則指出，大專以上與大專以下
學歷的收入差距是兩倍；還有被廣泛引用的一九九四年一個專
家小組在滬寧線一帶的城市群所做的「學歷與收入關係」調
查，結果顯示，小學、初中、高中、中專和大學不同學歷畢業
的人，收入比為1：1.17：1.26：1.28：1.80；廣州現代教育科
學研究中心在廣州市所做的類似調查也獲得了相似的結果，小
學、初中、高中和大學不同學歷畢業的人，收入比為1：1.21：
1.28：1.73。

　　姑且不論這些資料的可靠性如何，至少我們已經看到，在
今天的社會，受教育程度已經與收入、社會地位和聲望建立了
某種關聯，由此，受教育機會的平等性也就直接影響了社會不
平等問題的擴大或縮小。

5. 如果天上掉餡餅

　　如果我們想在各種各樣的經濟職業中確立一種職業道德和法律準則來替代支離破碎的、混亂一團的法人團體的話，就得建立一種更加完善的組織群體。簡言之，就是建立公共制度。

　　　　　　　　　　　——涂爾幹《社會分工論》

　　涂爾幹（Émile Durkheim, 1858-1917），法國社會學家，年鑑學派的創始人，古典社會學的代表人物之一。

記得幾年前，在氣功和特異功能引起人們廣泛興趣的時候，有一些流傳很廣的故事，說某某人能夠把你口袋裏的錢挪到他自己的口袋裏，或者不開瓶蓋就能把瓶子裏面的東西弄到瓶子外面來。媒體的渲染引起了很多人對特異功能的興趣和嚮往，心想如果自己有這樣的本領，那豈不是爽呆了，想什麼就有什麼，哪裏還用得著拼命學習，更用不著像自己的祖輩那樣臉朝黃土背朝天地拚命工作。另一些人更有美妙的想法，如果中國人都有這樣的本領，那麼美國人的財富豈不都是中國的了？

可世上怎麼可能有這麼好的事情？有人相信天上掉餡餅嗎？記得有個故事，父親告訴孩子說，天上根本就不可能掉餡餅，可孩子卻說：「那我就坐著大炮上天去，把餡餅打下來！」父親又說：「打也白搭，地上這麼多張口等著，哪能保證掉下的餡餅就正好落到你口裏。」因此人們相信，天上不會掉餡餅下來，如果掉了，那也一定是圈套。

的確，在自然發展演化的歷史中，無論是自然界還是人類社會都早已形成了一些很難違背的規則。正如第三講不斷提到的，來到這個世界上的人，首先需要的是衣食溫飽，除此以外，還有一些其他的需求，譬如有些人需要生產工具，有些人需要生活工具。如何滿足這些需要呢？在滿足人們的不同需要中，人類發展了一條最基本的法則，那就是，所有的滿足只能透過勞動和努力才能獲得。天上不掉餡餅，餡餅是人做的，要麼自己做，要麼拿自己做的東西和別人換。人類透過勞動生產產品（無論是物質的還是精神的），並尋求各種方法和手段來分配這些產品，以滿足人們各種不同的需求，這就是人類的經濟秩序。

　　人類的經濟秩序維持了人類的生存，但一個社會並不是從來都採用著相同的經濟秩序，經濟秩序是一個發展的過程。到今天爲止，人類的經濟秩序已經經歷了不同的階段，而且每一個階段的生產和分配方式都影響了社會，使其發展出了與其他經濟秩序不同的文化和社會生活，因此經濟生活的變化會直接影響社會生活的變化。在中國，只要是問及不同年齡的人，就會獲得不同的社會生活故事；只要是問及不同地區的人，也會獲得不同的社會生活體驗。一個重要的原因就是，中國大陸的經濟秩序正處在急劇的轉變之中，而且這樣的轉變在地區之間表現出極度的不平衡，各種經濟秩序並存，譬如西藏牧區的牧民的社會生活就會不同於湖南洞庭湖的農民，而這兩者又會不同於江蘇無錫的工人。

　　同時，人類的經濟秩序也約束著個體的生活。在人的一生中，在現代社會，大約有二十年的時間是在長大中（長身體和學習），按照中國目前的預期壽命七十二歲和城鎮勞動人口的退休年齡六十歲，另有四十年是工作時間。在我們醒著的時候工作占去了我們的絕大部分時間，而所從事工作的類型，通常又決定了我們的社會地位、交往圈子和社會關係類型，甚至人的精神生活。

　　當走出學校的時候，我們不相信天上會掉餡餅，而是相信自己的工作將決定自己未來的生活。那麼，到底找一份什麼樣的工作？爲什麼女生找工作難？爲什麼會失業？爲什麼農民不能在城裏做工？這一講，我們討論人類的經濟秩序。

5.1 找一份工作眞難

現在，找工作已經成爲了高校畢業生的「滑鐵盧」。對很多找工作的畢業生來說，正如我們在第四講中看到的，從幼稚園開始這些人就「名列前茅」，小學、初中、高中和大學，一路過關斬將，不知道經歷了多少考試、面臨了多少次激烈的競爭，好不容易才熬到了大學畢業，可就是找不著工作，這不是「滑鐵盧」是什麼？

有媒體報導，在深圳五花八門的人才市場裏，求職者中有相當一部分人是大學生畢業生，既有剛剛畢業的，也有畢業數年的；既有本地的，也有內地的。不少人找工作數月沒有著落，漂泊街頭，不得不感嘆道：「找工作眞難！」

二○○二年三月，《城市早報》曾經摘錄了一位畢業生找工作的日記：

> X月十四日，晴。
>
> 接連幾天，《城市早報》的記者一直陪我一起找工作，這讓我很感動。上次在中原人才市場投出去的自薦材料至今沒有回音，這兩天趁機會厚著臉皮再去問問，興許能感動他們呢！
>
> 當我們到達中國XX銀行XX省分行時，已是上午十點多了。這是一幢很漂亮的辦公樓，真希望能在這裏工作。可門口保安警惕的眼光首先就讓我底氣不足。
>
> 走上三樓人力資源部時，裏面的幾名工作人員正忙

著。我三次想湊過去套套近乎，都沒能成功。

門口扔著一堆自薦書，差不多有一千多份吧。

「這不是你們學校的？」記者眼尖，發現這一堆中我們學校的也不少，不知我上次交的自薦書是不是也在這一堆中。

「X大的，叫什麼？啊，對不起，我們面試的名單中沒你。」

趁那名男工作人員放下電話的一剎那，我急忙再次湊過去報上我的名字和學校，他用鉛筆在兩頁都是名字的紙上查了個遍，很遺憾地搖了搖頭。

我不甘心地再次掏出隨身攜帶的自薦書，雙手遞過去，誠懇地說：「您再看看我的條件，能不能給我一次面試的機會？」

「對不起，面試的名單是評委從一千多名報名者中篩選出的，我沒這個權力。」說完就不再理我了。

出門的時候，我的大腦一片空白，下樓時差點兒栽了個跟頭，我感覺自己成了個多餘的人。

在這篇日記中，我們還能夠看到昔日「人傑」的精神和氣質嗎？這就是生活的殘酷、社會的現實。也有不服氣的，在網路上貼出帖子說：「我算人才嗎？」

XX（名牌）大學電腦科學本科、管理學碩士畢業的我應該算是個人才吧？竊以為，學歷往桌上一擺，這一點應該不成問題。可近日到人才大市場找工作，不免讓我對此產生了疑問。

其一，現在應屆畢業生找工作難是不爭的事實，恰好

我是應屆畢業生。讓我想不通的是，應屆和非應屆之間在熟悉環境、適應工作、學習新事物等諸多方面到底存在怎樣的本質差別呢？

其二，我「工作經驗」還不夠。一般用人單位總是要有多少年的工作經驗。雖然我也曾工作過兩年，但人家要求的是「相關工作經驗」。要麼曾在類似崗位工作過，或是有過啥成功的業績，最讓人懼怕的是有多少客戶來源。看來，用人單位都恨不得從別的公司（最好是競爭對手）直接挖幾個「相關」人才過來。

其三，我的學歷過高。根據深圳市人才大市場的統計，XX年七月二十九日至八月四日，各用人單位擬招聘8,124人，其中要求碩士學位的只有十六個崗位，只占0.2％。還好我沒拿博士學位，要不然需求量就是零。我不明白，人們常說「人才高消費」，為什麼深圳勞動力市場對高學歷的需求量這麼少？

其四，我讀本科和研究生階段跨了專業。時下常見專家指出，複合型人才將是最優秀的等等，但實際情況卻未必如此。而如今卻跨了專業，想幹電腦專業，人家説你三年沒幹了；想幹管理，人家説你沒經驗。

其五，我對自己最自信的是有學習新事物、適應新環境的能力，而這些又是看不見、摸不著的東西，在簡歷上也反映不出來；即使寫出來，人家也未必相信；要想在招聘中顯示出來，委實不太容易，可勞動市場上又沒有伯樂。

有了以上這五條理由，我倒懷疑起來，我算人才嗎？

　　這個社會，天上不掉餡餅，人又必須工作，找一份工作又這麼困難，怎麼會這樣呢？對這樣的現象，人們可以抱怨，可以痛罵，但對社會學家而言，還必須解釋其中的道理。從這兩位畢業生的感慨中，我們獲得了兩條重要的資料。第一，他們並不是在找任意的工作，而是在找適合自己的工作，銀行的、管理的；適合學士的、適合碩士的。農民也許會問：爲什麼不去找別的工作，譬如種地？第二，他們是近兩年在找工作，如果他們的父母也是大學畢業，畢業的時候也這麼找過工作嗎？在下面的兩節中，讓我們來試圖回答這兩個問題。

5.2　勞動分工

　　現代社會經濟秩序的一個最突出特徵就是高度的勞動分工，把工作劃分爲具體的、具有專門技能要求的職業。

　　在狩獵和採集社會，如二十世紀初期中國東北大興安嶺的鄂倫春地區中，除了依據性別和年齡的勞動分工以外，幾乎就沒有什麼其他具體的分工。男人外出打獵，女人看守家園，年長和年幼者都是被照顧和養育的對象，只讓他們在自己的能力範圍之內做力所能及的工作。而在男人之間或者女人之間，就再也沒有進一步的分工了，男人大都幹相似的活，女人亦如是。進入農業社會特別是生產出現剩餘之後，勞動分工的狀況就開始改變了。儘管性別分工仍然是勞動分工的主要方式，但在性別內部，人們不再完全從事相似的工作了，有的人會專門從事買賣，有的人專門加工工具，還有人專門加工某種農產品。換句話說，農業之外的勞動分工出現了，這就是手工業。

但在傳統的農業社會，手藝的種類非常有限。筆者曾經在甘肅省金昌市做過調查，二十世紀初期，當地的非農、非牧的工作只有鐵匠、木匠、氈匠、褐匠、陶瓷、刻字、木刻印刷、織布紡線、裁剪縫紉、裱糊、副食品加工等四十餘種。

和農業一樣，從事手工業的每個藝人並非會一道工序，而是要完成一件產品。舉一個例子——銀匠。一個銀匠不僅要用手工的方式，把原始的銀質材料加工成將要製作的產品毛坯，而且要在毛坯的基礎上進行精細加工，經過鍛打、成型、打磨、拋光、試用、修改、定型，最後才能完成一件銀質首飾或者器皿。一個人必須有能力完成所有的工序才能稱之爲銀匠。

但是在現代工業社會中，職業的種類已經大大豐富和增加了，無論是在生產和非生產領域，勞動的細密分工使得每個人的工作對最終產品而言都只是極小的一部分。舉一個最簡單的例子，如果我們打開一台電腦，無論是什麼樣的，哪怕是只有一家出品的Mac電腦，其中也沒有一個零件完全是由一個廠商生產的，而且每個零件的生產都不是一次成型的，都要經過無數道工序，每個人的工作只是完成其中的一道工序而已，每一道工序上並不只有一個工作人員，你能說你的工作對生產一台電腦具有什麼影響？

據統計，在美國工業發展早期的一八五〇年，人口普查的結果表明，當時只有三百二十三種職業，而在當代的發達工業國家，已經列出的職業就有二萬多種，這還不包括一些人賴以爲生的非法職業，如老鴇、販毒者、扒手、投機商和詐騙犯等等。那麼，如此專門化的職業又是怎樣發展起來的呢？

還是讓我們來溫習斯密（Adam Smith）《國富論》中對勞動分工的舉例吧。一個勞動者如果對製針不熟悉，又不知道怎樣

使用製針機械，縱使竭盡全力一天也不能造出一枚扣針。但是如果把製針過程分解爲抽線、拉直、切割、削尖、磨頭、裝頭、塗色、包裝等等專門的工序，一個人只做其中的一道工序，那麼從實際工廠中獲得的資料是，一個人一天平均可以生產四千八百枚扣針。接著斯密說：「如果他們各自獨立工作，不專習一種特殊業務，那麼他們不論是誰，絕對不能一日製造二十枚針，說不定一天連一枚針也製造不出來。」

由此我們看到，勞動分工的直接影響是提高了生產效率，使一個人在單位時間的生產能力大爲提高。因此，工業生產對效率的追求，構成了勞動分工細密化的根本動力。問題是，怎麼分工呢？難道只要有分工就會有效率？事實上，在人們認識到分工的影響以來，這是兩個不斷被探討和實踐的問題，對問題的不同回答也構成了不同的組織理念。

追隨斯密的思路，泰勒（Frederic Winslow Taylor）提出，提高效率的關鍵問題是如何進行科學的分工，這就是組織理論研究和管理學中的「科學管理」。他終生致力於對工業過程的詳細研究，並試圖把過程分解爲便於計時和組織的簡單操作。他的基本理念是，一個人所從事的工作越簡單、越便於考核，也就越便於監督、激勵，工作效率也就越高。因爲在這個背後有一個簡單的假設，不僅每個組織在追求利益最大化，每個人也在追求自己利益的最大化。如果能夠精細地分工，每個人就能夠追求自己利益的最大化；如果每個人能夠追求自己利益的最大化，生產效率也就獲得了最大化。

儘管泰勒的科學管理對工業生產和社會組織產生了重大的影響，但人們仍然看到，第一，效率並不簡單地等於精細分工，如果不對分工進行有效的組織，就不會有預想的效率。第

二，效率是否能實現與產品的銷售密切相關，如果生產的產品只是堆在那裏，銷售不出去，效率也不會實現。福特（Henry Ford）最先看到並解決了這個問題。福特最初的生產方式是各個生產線分別製造，然後將零件運到總裝廠進行組裝。從屠宰場的流水線受到啓發，福特把分工與流水線作業聯繫起來，不僅透過提高單位時間的生產量而降低了勞動成本，使得原本要賣到八百五十美元的汽車可以賣到兩百九十美元；而且使得大規模生產成為可能，按照一九〇八年的生產方式，每年只能生產有限的數量，事實是，到一九二九年這個型號的汽車停產時，已經生產了一千五百多萬輛。

福特生產方式的特點是不僅要讓工人專注於自己的生產環節，而且要考慮生產環節之間的銜接。要做到這一點，標準化、精細分工、熟練操作、緊密合作就變成了生產活動的關鍵要素，這就是二十世紀七〇年代之前全球製造業追求的典範。

不過，從泰勒科學管理到福特生產模式，我們只看到了機器，而沒有看到人。在二十世紀三〇年代的霍桑實驗中（第一講已經提及），我們卻明顯地看到了人的作用。後來在對科層制度的研究中，人們又看到了非正式群體的影響，所以二十世紀七〇年代以後，各大工業化國家開始嘗試在生產過程中強調如何重視人的作用，譬如群體生產制度、終生雇用制度等。以群體生產為例，儘管分工依然存在，但對分工的組織不再是讓一個人整天只是從事一種單調的動作，而是把一組相互關聯的工作交給一個群體，讓每個人可以從事不同的工作，讓他們控制生產、解決生產中的問題。

二十世紀八〇年代以後的另一個重要變化就是市場不再只對大批量的標準化產品感興趣，也對個性化的非量產物品發生

興趣。儘管批量生產模式依然存在，但人們對個性和特色的追求使得小定單、多樣化的市場迅速崛起，這就是彈性生產的發展。與福特生產模式用批量來引導市場不同，彈性生產要求根據市場的變化來隨時調整自己的產品和生產。在瑟羅（Lester Thurow）對日本的研究中他發現，日本企業對市場反應的敏感性和生產的彈性都要遠遠高於歐美企業，以汽車為例，一個在歐美企業中需要十三至十五年的產品設計周期，在日本企業中只需要七年左右。相對於福特模式，彈性生產更傾向於專門化的小批量生產，包括密集的設計、精細的加工、工藝式的生產和更加人性化的市場策略。

而使彈性生產能夠實現的重要技術就是電腦的使用。自動化的概念早在十八世紀就已經有了，但是把機器人用於工業生產卻是二十世紀中葉的事情，一九七四年第一台由微處理器控制的機器人（電腦機器人）被用於工業生產。以後，機器人不僅被大量運用於汽車工業，而且更多地向重體力、重複性、危險性工作領域擴展。今天，人們已經在試圖用機器人替代更多的人的手工勞動，甚至家務勞動。

生產組織方式的變化，對勞動者也提出了不同的要求。在早期，細密的勞動分工使得工人成為機器的一部分，人們只需要做簡單的勞動。在《國富論》中，斯密不僅看到了勞動分工帶來的效率，而且也看到了分工對人的影響，一個人一輩子從事的只是幾個簡單的動作，沒有機會接觸其他的東西，也不能發展他的理解力、實踐他的創造力，自然也就失去了進行創造的習慣，由此人也變得呆笨和愚昧。

但是，群體生產和彈性生產的發展，尤其是電腦技術對所有工作領域的滲透，已經改變了過去的分工模式，使得整個職

業結構發生了重大的變化。譬如二十世紀初期，中國勞動力的95％以上都在從事農業和牧業生產；一九八○年，中國大陸城鎮的勞動力大約四千兩百萬，農村勞動力大約三億兩千萬；二○○○年，城鎮的勞動力大約七千一百萬，農村勞動力大約五億；如果考慮進城勞動人口和鄉鎮企業職工人數，從事工業的勞動力大約三億一百萬，從事農業的勞動力大約兩億七千萬。

在工業生產領域，所有工業化國家的狀況是，二十世紀初期四分之三以上人口在從事手工勞動，其中只有不到30％為熟練工人；到二十世紀中葉，手工工人比例下降到了三分之二以下；到二十世紀末期，歐美國家的手工勞動力已經不到總勞動力的40％；與此同時，自由職業者（在家裏上班的非體力勞動者）已經上升到10％以上了。

根據既有的研究，尤其是對於彈性生產而言，生產的效率更多地依靠勞動者的職業能力、思維能力和創造性，對市場的把握則更多地依靠信任、合作和協商。在這樣的環境下，每一個有能力工作並希望獲得勞動機會的人，都必須有專門的勞動技能來適應專門化的職位，即使是種地，也要有專門的、從祖輩那裏繼承和習得的經驗和技能，同時也需要對市場的理解和把握。這就是為什麼現在的就業市場需要「工作經驗」的原因，因為創造力、信任、合作甚至社會關係網路都是在經驗中獲得的。

由於職業的專門化和知識的專門化，使得獲得了某種知識和技能的人很難從事多種專門化的職業，而只能從事相關領域的工作，儘管今天的職業要求不是把人當做機器的一部分來看待，但這並不意味著排除了專門化，而是對專門化提出了更高的要求，要求勞動者既要具備相應的技能，也要具備相應的思

維能力和創造能力，因此，學電腦的人去種地照樣有問題。更何況，在職業的社會流動中，所遵循的仍然是向上流動的規律。

　　但專門化絕不是拒絕女性的理由，這就是為什麼在勞動分工的研究中，涂爾幹否認社會分工的產生是為了創造更多財富的觀點。他認為，分工雖然可以提高效率，增加財富，但這要在分工出現後與分工前的對比中才能顯示出來。因此，他寧願相信造成分工制的原因是人口密度過大。隨著人口的增長，傳統的生計空間無法容納，人們被迫改換行業，分工制也就隨之出現。但這並不意味著與之相應的維繫體系就應時出現了。因此他強調：「如果我們想在各種各樣的經濟職業中確立一種職業道德和法律準則來替代支離破碎的、混亂一團的法人團體的話，就得建立一種更加完善的組織群體。簡言之，就是建立公共制度。」

　　到這裏為止，我們相信已經回答了第一節最後的第一個問題，現在讓我們轉向第二個問題，即影響就業的另一個重要因素，也是一個社會經濟秩序的決定性因素之一：經濟制度。

5.3　經濟制度：計劃經濟與市場經濟

　　如果是在二十年前，上面的兩位學生根本就不用找工作，更不用在傷心處感嘆「自己成了個多餘的人」，畢業典禮一結束，馬上就可以帶上行李去該上班的地方（單位）報到、安頓，然後就上班了。為什麼會這樣呢？簡單地說，是因為二十年前，中國大陸實踐的是計劃經濟制度。在計劃經濟中，人們

用不著找工作,因爲根本就不存在所謂的勞動力市場;而今天,中國大陸正在實踐的是社會主義的市場經濟,尤其是最近幾年,勞動力市場尚在發育之中,人們必須憑藉自己的各種能力來獲得工作機會和職業。

因此,在社會學的研究中,經濟制度既是一個專門的研究議題,也是在勞動分工、職業和勞動等議題的研究中必須考察的、重要的環境變數。

5.3.1 計劃經濟制度

一九四九年中國共產黨在大陸取得政權之後,中央政府分別透過不同的形式,在農村和城市改變了舊有的經濟制度,並在很短的時間內建立了計劃經濟制度。

二十世紀的中葉,中國仍然是一個農業人口占人口多數、農業生產爲社會的主要生產領域的農業社會。農村和城市的分離是一個既存狀態。

在農村,基本的經濟資源主要是土地,私有制和地主占有爲土地資源分配的基本格局。根據可以獲得的統計資料,從全國的格局來看,大約10%的大土地所有者(地主和富農)占據了所有耕地的70%。透過土地改革,到一九五二年底,除新疆、西藏和少數民族地區以外,使總人口三億一千萬、農業人口兩億六千萬的農民無償獲得了七億畝土地和其他生產資料,基本上改變了農村的土地占有格局,廣大的農民不再需要租種地主和富農的土地,進而改變了自己的職業身分。同時,也對勞動技能提出進一步的要求,那就是要有能力安排所有的農事活動。

但這樣的技能並不是能夠在一夜之間獲得的,也不是在獲

得土地的同時就能夠獲得的。農業生產知識和技能在那個時期仍然是一種經驗的積累；另外，農業生產除了土地以外還需要其他的生產資料如農具、牲畜等，這些東西也不是一夜之間就能夠積累的。在租種他人的土地尤其是只貢獻勞動力的時候，農事基本上是由懂得農事的人安排的，部分人根本就不懂農事，而且大多數租種土地的人基本也沒有其他的生產資料。這樣，土地改革完成一段時間以後，有些人因爲不會農事安排而不得不將土地重新轉讓，一些人因爲缺乏其他生產資料而不得不使土地荒蕪。在這樣的情況下，農村的經濟制度開始進一步變革，透過互助組、合作社然後走向了人民公社制度。

人民公社制度的基本特點是，所有生產資料歸集體所有；在人民公社之下建立大隊和小隊的生產組織；每個人的生產活動由生產小隊安排，個體沒有自行安排生產活動的權利；所有勞動產品歸集體所有，由集體處置；集體根據一定的規則向每個勞動者分配勞動產品；勞動者的主要生活資源來自於集體的分配。

因此，在這樣的環境中，在教育制度改革之前（一九六六年），在城鄉壁壘堅固之前（一九六二年），人們除了進城或透過高考離開土地以外，就必定是集體的一員，不需要找工作，不需要操心自己的生計，因爲自己的生產勞動要貢獻給集體，主要生活資源只能從集體來。

在城市，中國大陸已經有了一些工業，主要的資源占有方式也是私有制。與自然經濟的農業不同的是，工業是一個以技術爲依託、以貨幣爲媒介的資本和市場的整體，對待工業不可能採用土改的辦法，因爲不可能將技術、資本和市場分割給工人，一個分工細密的組織體系是不可還原化約爲小作坊的。

　　因此，城市的經濟體制改造也採用了完全不同的方式。從進入城市的時候起，中央政府就把城市的資本主義劃分為官僚資本（即大資本）和民族資本（即中小資本）兩類，對前者採取無償沒收的政策，截止到一九四九年底，一共沒收了兩千八百多個企業，兩千四百個多家銀行，十多個壟斷性貿易公司以及全部交通運輸業；對後者則採取利用、限制和改造的辦法。

　　新生的中央政府希望透過國家資本主義的形式，逐步將私有制改變為社會主義的全民所有制。這個過程從加工定貨到「四馬分肥」，再到全行業公私合營，差不多進行了四年時間，其中，後三個階段基本上都完成於一九五五年至一九五六年。一九五六年底，私營工業人數的99％和私營商業人數的85％都參加了全行業公私合營。對私營工商業和手工業的社會主義改造也基本上是在一九五五年至一九五六年一年多的時間內完成的。對資本主義工商業和手工業進行社會主義改造的結果是，國家完全掌握了工業、商業的生產資料和經營管理，資本家變成了工廠、商店的特殊雇員。

　　在這樣的環境下，按照制度設計的基本思路，每個城市人口成年以後就可以透過計劃分配的方式獲得一份工作，自己找不著工作，工作也找不著你，勞動力和工作機會之間的唯一橋樑就是政府的計畫。事實上，從二十世紀五○年代初期開始，所有高等院校的畢業生都被納入了國家勞動力分配體系，國家根據各單位上報的計畫和申請，結合各院校畢業生的專業和人數，統一調配類似於高等院校畢業生的特殊勞動力。在這個過程中，畢業生本人只需要服從政府的分配，沒有任何挑選工作地點、職位的權利，在參加工作之後，也沒有自行調動工作的權利，任何的調動都必須經過本人申請，由政府的人事部門安

排、協調，決定權在政府而不是本人。

　　從勞動力資源的視角來看，計劃經濟的基本特徵就是，政府透過行政手段包攬了勞動力資源的配置，並使勞動者不需要找工作，因爲根本就不存在一個勞動力市場。同時，也使得勞動者失去了選擇自己工作地區、場所和職位的權利，也失去了爲晉升、調整、變換工作而進行自我努力的機會。

5.3.2　市場經濟制度

　　在實踐了將近三十年的計劃經濟制度後，人們發現需要嘗試另一種不同的經濟制度，二十世紀七○年代末期，中國大陸又拉開了改革計劃經濟制度的序幕，並努力向市場經濟轉變。

　　一九七九年九月，中國共產黨十三屆四中全會正式透過了《中共中央加快農業發展若干問題的決定》，從投資、稅收、信貸和農副產品收購等方面調整了農業政策，適當放寬了對自留地、家庭副業和集市貿易的限制，指出「可以按定額記工分，可以按時記工加以評議，也可以在生產隊統一核算和分配的前提下，包工到作業組，聯繫產量計算勞動報酬，實行超產獎勵」。

　　從這裏開始，農村探索了從承包到組、繼而承包到戶的農村新體制。一九八○年九月，中共中央召開省、市、自治區黨委第一書記座談會，著重討論了加強和完善農業生產責任制的問題，二十七日，中共中央轉發了座談會紀要。《紀要》指出，可以包產到戶，也可以包幹到戶，並在一個較長的時間內保持穩定。此後中共中央在一九八一至一九八四年又多次發文，逐步完善了家庭聯產承包責任制。一九八三年的中共中央一號文件還規定了農村土地承包期爲十五年不變。事實上，到

一九八三年底，99.5％的生產隊都已實行了聯產承包責任制。

　　根據筆者的研究，土地承包責任制的直接影響是促進了人民公社體制的瓦解。人民公社制度的基礎是以生產小隊爲基本的三級所有的集體所有制，其中個人爲基本勞動單位，生產小隊爲基本核算單位。實行家庭聯產承包責任制以後，基本勞動單位沒有改變，但是基本核算單位變了，變成了家庭，並把以生產小隊爲單位的集體勞動制度改變爲家庭勞動制度。這樣，全部生產資料的集體所有制沒有了，以生產小隊爲單位的集體勞動制度沒有了，以生產小隊爲單位的集體核算制度沒有了，人民公社制度就失去了存在的基礎，農民似乎又回到了合作化時代。基於這樣的改變，在一九八三年至一九八四年間，人民公社體制被鄉村體制所取代，農村的行政體制又回到了傳統框架之中。

　　與此同時，農民也從土地的束縛中被解脫出來，大量的農村剩餘勞動力開始脫離農業生產進入鄉鎮企業和進城做工，從農業以外尋找勞動力的出路。但是，戶籍制度的限制使得在農業以外獲得了工作機會和職位的農民沒有辦法進入城市，而只能在農村住地和城鎮工作地之間來回流動，這就是二十世紀八〇年代中後期開始的「農民工」一詞的由來，也是「民工潮」的由來。

　　由農民工自發形成的勞動力市場，不僅影響了農村人口的就業方式，同時也直接對原來城鎮的勞動力資源配置方式構成衝擊，加上城鎮三十年計劃配置方式積累了大量無法配置的勞動人口，於是從一九七九年開始，勞動力的安置（計劃經濟術語）作爲一個重要的社會問題被推到了前臺，城鎮也開始鬆動原有的勞動力資源配置方式，允許人們自謀職業。

　　一九八○年八月，中國勞動就業工作會議召開，會議提出要廣開就業門路，要打破勞動力全部由國家包下來的老框框，實行在政府統籌規劃和指導下，勞動就業部門介紹就業、自願組織起來就業和自謀職業相結合的方針；並提出解決今後勞動就業問題主要靠：大力興辦扶持各種類型的自籌資金、自負盈虧的合作社和合作小組，支持待業青年辦獨立核算的合作社；城鎮郊區發展以知識青年爲主的集體所有制場（廠）、隊或農工商聯合企業；鼓勵和扶持個體經濟適當發展；建立勞動服務公司擔任介紹就業、輸送臨時工、組織生產服務、進行職業教育等任務。

　　經過差不多十年的時間，一九八八年四月十二日，第七屆中國人民代表大會第一次會議通過了《中華人民共和國憲法修正案》，在《憲法》的第十一條規定：「國家允許私營經濟在法律允許的範圍內存在和發展，私營經濟是社會主義公有制經濟的補充。國家保護私營經濟的合法權利和權益，對私營經濟實行引導、監督和管理。」同年六月十五日，中國大陸國務院發布第四號令，即《中華人民共和國私營企業暫行條例》。《條例》規定，私營企業指企業資產屬於私人所有，雇工八人以上的營利性經濟組織。

　　一九九二年春天，鄧小平在視察南方的過程中，明確地把計劃經濟與市場經濟看做是「體制性」範疇，而不是區別資本主義與社會主義的「制度性」標誌，指出計劃經濟不等於社會主義，資本主義也有計劃；市場經濟不等於資本主義，社會主義也有市場；計劃和市場都只是經濟手段；計劃多一點還是市場多一點，不是社會主義與資本主義的本質區別。這樣，就把市場經濟與社會主義的相容性問題明確了，市場經濟制度在社

會主義國家由此獲得了合法地位。

此後，非國有生產獲得了迅速發展。根據中國大陸國家統計局的《中國統計年鑑》，一九九一年中國城鎮勞動人口為一億五千三百萬人，其中國有勞動人口為一億零七百萬人，國有勞動人口占城鎮勞動總人口的70％；到二〇〇〇年，全國城鎮勞動人口為兩億一千三百萬人，其中國有勞動人口為八千一百萬，國有勞動人口占城鎮勞動總人口的比例下降到38％。

即使是國有機構，從二十世紀九〇年代初期開始，也採用了市場機制，在保留原有勞動資源配置方式的同時，擴大了直接從勞動力市場獲得勞動力的比例。到二〇〇〇年，除了一些特殊機構和部門以外，絕大多數的國有部門都直接進入了勞動力市場。這樣，作為國家曾經統配的高等院校畢業生，就不得不直接進入尚在發育中的勞動力市場去參與激烈的競爭。

經濟制度的變革直接影響了我們獲得工作機會的方式，根據二〇〇〇年的統計，現在的職業比一九九二年時少了近三千個，譬如計劃經濟時期的糧油票證管理員、物質供應員等已經不見了蹤影；同時又有一些新的職業出現，譬如電腦工程師、網路管理員等。現在的高等院校畢業生再也不會像二十年前的前輩那樣依靠國家分配工作了。與此同時，他們也不得不面對冷酷的勞動力市場的壓力和競爭，這才有了對自己是否多餘、是否是人才的疑問。

5.4 女性、農民工與工作機會的不平等

除了關注職業演變、經濟制度與就業的關係以外，社會學

對職業問題關注的另一個重要議題就是工作與不平等問題。

根據哈爾濱《新晚報》的消息，二○○二年四月，在某大學舉辦的「畢業生招聘大會」上，一家企業在招聘廣告上赫然標明「只招男生，女生免談」。儘管有法律的明文規定，「國家保障婦女享有與男子平等的勞動權利；各單位在錄用職工時，除不適合婦女的工種或者崗位外，不得以性別爲由拒絕錄用婦女或者提高對婦女的錄用標準」。但事實上，女性就業更難的問題在最近幾年的勞動力市場中已經非常普遍。舉例來說，在山西XX大學舉辦的校內招聘會上，女生發現，連財會、秘書這樣中性甚至更適合女性的工作，招聘方都寫著：「招收財會人員X名、行政秘書X名（僅限男性）」。而在大大小小的招聘會上，看見「只限男性」或是「男生優先」的字樣就更是平常了。

一位找工作的高校女畢業生曾經這樣說：「過去聽到師姐們抱怨女生找工作難時我還不以爲然，認爲可以憑自己的實力消除用人單位的偏見。現在，經過了半年的求職生涯以後，我才知道，作爲女生，找份工作有多難。」根據《檢查日報》的報導，北京XX大學編輯系的畢業生小徐幾次應聘都在最後關頭落敗，原因都一樣，因爲她是女生。每當她詢問招聘結果時，用人單位的招聘人員往往表情遺憾地說：「你要是個男孩子就好了。」

而小徐自己的反應是，「很多時候，我們連展示一下自己的機會都沒有」。許多女同學們都感到，現在的招聘會主要是男生的舞臺。中國XX大學的一位老師稱，自己都不想再招女研究生了，因爲畢業時太操心。他的一位女弟子在一連串的求職失敗後向他抱怨說：「老師，我都想做變性手術了。」儘管我們

尚沒有確切的統計數據說明男女在求職中到底有多大的差別，但作為問題，女性求職更難已經是一個不爭的事實。

為什麼女性求職會比男性更難呢？這是中國的特殊現象還是普遍現象？在回答這兩個問題之前，還是讓我們利用前面對經濟制度的討論來進行簡單的比較。在計劃經濟制度中，由於勞動力資源是由政府配置的，是否使用女性就不是市場選擇問題，而成為了政府決策。需要說明的是，支持計劃經濟的意識形態是「按勞分配」，要求每一個有勞動能力的人都必須參與勞動，而且政府有責任為每個人安排工作，因此，性別問題就不成其為問題了。

但是，市場經濟制度的勞動力資源配置依靠的是市場，對於每一個處於市場中的機構而言，效率問題是優先問題。對於每一個考慮效率的機構而言，就不得不考慮如何提高工作效率，尤其是對專業性要求較高，對獨立思考和工作能力要求較高的機構而言，就不得不考慮性別對工作效率的影響。對於「只限男生」的機構，人力資源部經理就有這樣的解釋：「我們並不歧視女性，只是結合了本單位的實際情況才做這樣的限制。我們單位的員工要經常出差，派個女孩子單獨出去不合適，讓人不放心。」

另一個重要的社會事實就是女性本身的社會負擔會影響到她們的工作的效率。在今天的中國社會，婦女在家庭中承擔著主要的、甚至是絕大部分的工作，家務勞動、養育子女和服侍老人，所有這些都會直接影響女性的經濟性勞動；尤其是年輕女性，即將到來的產假和育嬰期對於大多數人力資源約束型的機構而言，更是不好處理的難題。

儘管根據法律，在工作機會和工作中的性別歧視都是違法

的，但是這並不是依據法律就能夠馬上解決的社會問題，而是需要整個社會的素質提高和勞動分工的進一步發展才能獲得緩解的問題。因為在成熟的市場經濟制度中，儘管平等就業法案實施已經有相當長的時間，我們看到，無論是在工作機會還是在工作中，性別的不平等仍然是一個重要的社會問題。

在二十世紀早期的西方國家，工作的女性主要是單身，女性在家庭以外的工作機會非常有限，工作類型基本上限於女僕、傭人之類；工作收入不是直接交給本人，而是由雇主直接交給她們的父母。當她們結婚的時候，工作機會也告中止。

第二次世界大戰期間，由於勞動力短缺，女性開始承擔許多過去只能由男性來承擔的工作；儘管戰爭結束以後男人返回了家園，但是女性（尤其是已婚婦女）的工作機會卻得到了保留。根據相關資料，處於工作年齡的女性，大約一半左右都有正式的全職和兼職工作。不過，這並不意味著女性獲得了與男性平等的工作機會和工作報酬。因為與男性比較，男性的工作機會基本上保持在80％左右，遠遠高於女性；工作報酬也遠遠高於女性。

根據英國的資料，一八五〇年時，99％的辦事員都是男性，那時的辦事員不僅需要有辦事的能力，還需要有會計能力和處理問題的能力，是一個有一定社會地位的職業；但是今天的辦事員，由於電腦技術的引入和工作環境的變化，已經變成了一個地位低、報酬低的職位，並因此淪為了女性的職業，在英國90％的辦事員和98％的秘書都是女性。

另一個方面，無論是從工作時間、職位還是從報酬來看，女性也遠遠排在男性的後面。幾乎在所有工業化國家，女性大多從事兼職工作；即使是處在相同的職位，女性的報酬也低於

男性，一般而言，女性的工作報酬大約只有男性的三分之二；在職位上，女性高級職位人員（如企業高級主管、高級政府官員、大學教授和社會名流）所占的比例仍然相當有限，總比例大約在5％或以下。

根據霍曼斯（Hilary Homans）的研究，在影響女性與男性競爭的因素中，「生孩子」的影響非常突出，男性從來沒有把生孩子考慮在自己的工作計畫內，而女性無論獲得了多麼高的職位，也可能突然中斷自己的職業生涯去生孩子或照顧孩子。弗恩尼（Tim Verney）一九九二年對兩百名女性管理者的一項調查也顯示，她們中的大多數人也把生孩子看做是自己試圖在商業領域尋求成功所面臨的最大難題。

在中國大陸，工作機會的不平等除了性別以外，還有另一種類型就是由戶籍因素導致的不平等。大躍進失敗之後，中央政府為了緩解城市食物供應和人口之間的緊張矛盾，於二十世紀五〇年代末期，一方面將在大躍進期間從農村遷移到城市的人口遷回農村，另一方面又動員原本住在城市的人口遷到農村去。根據筆者的研究，到一九六三年這項工作完成的時候，大約有六千五百萬勞動力（加上家庭人口大約一億左右）從城鎮遷到了農村。一九六二年五月二十一日中共中央發出《關於減少職工和城鎮人口的宣傳要點》，開始限制人口由鄉到城的自由居住和遷徙，說：「從現在起，凡是城市職工、幹部和軍人的直系家屬，在農村的不要再遷入城市。」到一九六三年，從農村自由遷徙到城市的人口乾脆被稱為「黑人黑戶」。由此，以戶籍制度為支撐的城鄉壁壘正式建立了起來，農民進城務工變成不合法的事情。

但是，市場經濟制度在農村的發育卻很快把勞動力與土地

資源之間的矛盾推到了社會問題的前臺。正如前面已經提到的，從二十世紀八〇年代後期開始，從土地中剩餘出來的勞動力，為了生計不得不在土地以外尋找工作，他們進入了城鎮，並被稱為「農民工」。

　　根據一項對二十四個城市三千五百多家企業的調查，從用工需求中我們得知，農民工的工作領域集中在勞動密集型行業，如建築家裝（48％）、紡織服裝（20％）、機械電子（11％）、飲食服務（8％）等行業，而且90％以上的崗位要求具有初中以上文化程度，其中20％以上的崗位需要高中以上文化程度；還有80％的崗位需要達到初級工以上的水平，其中13％的崗位需要具備中級工的職業資格；此外，81％的崗位需要熟練工人。

　　在農村與城市比較中，不僅有這樣的就業機會的不平等，還有更重要的是，農民工在城市往往會遭受更多的盤剝、更多粗暴對待，這不僅有來自雇主、工頭的，也有來自一般城市居民的，有些人甚至認為，城市是城裏人的城市，農民工應該回到他們自己的土地上去。也就是說，對農民工而言，在制度性的安排以外，他們與女性一樣，也面臨著嚴重的社會歧視，而且更為嚴重。除此以外，他們還面臨著住房、孩子入學等問題。遺憾的是，對於這樣尖銳的社會議題，我們今天的社會學家還很少進行深入研究。

5.5　失業

　　在計劃經濟制度中，沒有人需要擔心就業問題，因為制度

設計本身就要保證每個勞動人口能有一份工作，無論是什麼樣的工作；但是在市場經濟制度中，沒有人不需要擔心失業問題，就像沒有人能夠預測市場變化，沒有人能夠保證自己的工作不被他人替代。失業是市場經濟的重要特徵之一。

在工業化國家，失業率始終是經濟學家和社會學家關注的重要議題。二十世紀三〇年代，英國的失業率曾經高達20％；幾乎在同樣的時期，美國也經歷了工業化以來的最大蕭條，30％左右的勞動人口失去了他們的工作。爲此，經濟學家凱因斯（John M. Keynes）曾經提出透過國家干預的方式來刺激需求，進而增加生產、提高勞動力市場的需求，以達到增加就業的目的。第二次大戰以後，凱因斯主義曾經成功地保持了工業化國家的經濟增長，降低了失業率；但在進入二十世紀七〇年代以後，失業率又重新攀升，使得失業問題重新成爲工業化社會不得不面對的重要社會議題。

在持續的研究中，經濟學家傾向於用產業結構的變化來解釋失業率的上升。舉例來說，一般認爲，勞動密集型產業和重工業向中等發達甚至發展中國家的轉移，使得工業化國家的產業結構中不再需要更多的勞動力，由此導致了所謂的「結構性失業」。還有一種解釋就是技術對勞動力的替代。隨著自動化技術和電腦技術的發展，工業生產中不再需要簡單勞動者，甚至在複雜生產中，對勞動力的需求也在減少。爲此有人提出，發展非生產性的產業是降低失業率的重要措施，譬如在美國，五分之四新就業機會是管理、專業性服務工作。

在向市場經濟轉變的中國大陸，不僅有失業問題，而且面臨著更加嚴峻的難題。在計劃經濟時期，儘管理論上國家要爲每個勞動者安排工作，但並不是在所有的時候和所有的情況下

都能夠做到這一點，二十世紀六〇年代早期的向農村的大遷移和六〇年代中期開始的上山下鄉運動，在很大程度上也是爲了緩解城市勞動人口的就業壓力。在剛剛開始改革計劃經濟的時候，首先凸現的也是就業問題，基本上，城市勞動力市場的發育就是在城鎮剩餘勞動力和農民工的共同作用下開始的。到了二十世紀九〇年代，隨著國有企業勞動力資源配置方式的改革，又爲失業問題添上了新的難題。在這一講即將結束的時候，我們不打算詳細地談論中國大陸的失業問題，而只準備將問題提出來，供有興趣的讀者作進一步的思考。

首先讓我們看看農村勞動力的狀況。根據農業史專家對江南農業發達地區的研究，一個五口之家可以從土地中獲得利潤的土地數大約在二十五畝左右。如果以《中國統計年鑒·2001》爲依據，全國鄉村勞動力總數爲49,876萬人，其中從事非農產業的大約16,893萬，仍然被束縛在土地上的勞動人口爲32,983萬；全國的耕地面積爲195,058.8萬畝，如果按照五口之家兩個勞動力計算，則勞動力的容量爲15,604.7萬人；也就是說，粗略的估計，農村勞動力的剩餘大約在17,379萬人，比現在農業已經容納的勞動力還要多出一倍，基本上相當於現在農村勞動力中從事非農產業的人數。儘管這個計算沒有考慮的因素包括可耕地面積的減少、農業的多種經營、集約經營、未來勞動力人口的增減，但卻能夠給我們一個基本概念，那就是，中國農村存在大量的剩餘勞動力。

再讓我們來看看城鎮。根據筆者一九九九年的一項研究，國家統計局一九九六年的資料顯示，一九九五年中國大陸城鎮就業人口爲17,350萬，其中國有企業職工的人數爲11,260萬人，如果我們相信其中20-30％爲富餘職工，那就是說，將近

2,250-3,380萬人將面臨失業。果然,到二〇〇〇年,中國大陸城鎮勞動人口為21,300萬人,其中國有勞動人口剩下8,100萬,也就是說,五年中,國有企業的職工減少了3,160萬人,正好在我們估計的範圍內,減下來的人數正好是富餘的30％,這裏還沒有考慮到新增勞動力的狀況和經濟發展對勞動力的需求之間是否有特別變化。有興趣的讀者可以進一步參考有關資料來計算一下中國大陸城鎮勞動人口的失業率。

無論如何,中國大陸城鎮的就業格局在未來的一段時間內並不令人樂觀。除此以外,社會學對與工作相關的重要問題的關注還包括工會、罷工、工作滿意狀況、勞動的異化、產業結構的變動和生產性工作對社會生活的重要性等等。

6. 談婚論嫁說家庭

　　社會中的家庭，可以說像旅行中的歇腳站，既是社會存在的條件，也是對社會的否定。

　　　　　　　　　　——李維－史特勞斯〈家庭〉

　　李維－史特勞斯(Claude Lévi-Strauss, 1908-　)，法國社會學家，
人類學家，結構主義的代表人物之一。

「男大當婚，女大當嫁」，中國人都這麼說，也難怪山西平遙古城一位拉黃包車的漢子說：「我都三、四十歲的人了，沒錢時不找對象，人家最多說你沒有本事，窮！可是你有錢還不結婚，那不是讓人家說你有病嗎？」可如果把這話說給北京城裏的年輕人們聽，他們一定會不屑，說：「去，都什麼時代了，還結婚不結婚的，找對象就找對象唄，關結婚什麼事，找對象就為了結婚啦！太土了！」

如今這社會，許多在老一代人看來天經地義的事情，譬如男人要討媳婦，女人要嫁人，在今天的年輕人看來似乎已經過時了，他們憧憬的是羅曼蒂克式的愛情，自由輕鬆的二人世界。這也難怪一部簡單得不能再簡單了的網路愛情故事《第一次親密接觸》能讓無數年輕人為之著迷。網路愛情也讓不少人為之瘋狂。可年長的人也說，誰都是從那個時候過來的，誰都嚮往過甜蜜的愛情，要不，一部簡單得可笑的電影《甜蜜的事業》在當年怎麼會風行大江南北呢？愛情歸愛情，婚總是要結的，如果都不結婚，那成什麼樣子，怎麼傳宗接代？

的確，儘管人們都喜歡浪漫的、永恒的愛情，但最終仍然不得不「墮入愛情的墳墓」。在這個社會中，絕大多數的人都要透過婚姻的形式建立自己的家庭，生兒育女，然後幫助自己的子女結婚生子，如此不斷延續。

儘管不同的社會群體、不同時代的社會對婚嫁的觀點和實踐並不相同，但有一點在任何時候，任何社會都是相同的，那就是，談婚論嫁絕不是兩個人的事情。任何社會對婚嫁都有自己的約束，不同的社會群體還有各不相同的約束。舉例來說，在印度，不同種姓的社會群體之間不能通婚；在美國，各種族之間的婚姻卻被認為是很正常的事情；在英國，王子與誰結婚

則要受到皇室規則的約束和許可。

　　同樣，不同的社會有著不同的家庭實踐。有的社會可以祖孫幾代人同在一個屋簷下，有的社會卻以核心家庭為主；有的社會對單親家庭非常寬容，有的社會仍然堅持「寡婦門前是非多」的準則；有的社會認為同性戀家庭是合法的，有的社會卻根本就不能容忍同性戀的存在，更不用說同性戀者公開建立自己的家庭了。

　　因此，無論是婚姻還是家庭，都是社會現象。那麼，人們到底怎樣在尋找自己的伴侶？一個社會對人們的婚姻和家庭又有怎樣的約束？這樣的約束又是怎樣發展和變化的呢？這是本講將要討論的主要議題。

6.1　找一個什麼樣的伴侶

　　司湯達說，愛情是生長在懸崖邊上的美麗花朵。在現代社會中，人們卻相信愛情是婚姻的基礎。千百年來，愛情始終是故事、小說、戲曲等文藝作品的不朽主題，不少人欣賞激動人心的、兩情相悅的兩性吸引、歡喜、性的衝動，甚至在愛情與婚姻之間畫上等號。由此，在不少人的心目中，愛情成為了婚姻的必要屬性，甚至是先決條件和唯一屬性，認為沒有愛情的婚姻是不能讓人接受的，人們離婚就是因為婚姻中已經沒有了愛情。

　　不過，這樣的命題經不起推敲。一個很簡單的例子就是，現在年齡在六十歲以上的人，無論在農村還是城市，並沒有多少人是在有了甜蜜的愛情之後並因為愛之至深而建立婚姻關係

的。「父母之命，媒妁之言」，意思是說，婚姻不是個人的事情，是要由父母做主的。這就是五十年前人們建立婚姻關係的基本準則。儘管一九三〇年頒布的《民法·親屬編》中曾涉及了婚姻自由，但買賣婚姻、包辦婚姻仍然是中國社會中婚姻的基本形式，甚至直到一九五〇年初期，童養媳現象還很普遍，民間有「養媳婦，實在苦，淘米拎水爬灘坨，冷粥冷飯吃一肚，挨打挨罵真正苦」的民謠，指的就是童養媳；自由婚姻的規則並沒有在人們的社會實踐中馬上生效。

一九五〇年四月十三日，中國大陸中央人民政府委員會第七次會議通過了《中華人民共和國婚姻法》，再次規定了婚姻自由，反對童養媳、買賣婚姻和包辦婚姻，但是這並不意味著自由戀愛成為建立婚姻的普遍形式。根據筆者於二十世紀八〇年代後期在湖北農村做過的調查，直到那時，媒妁之言仍然是農村青年建立婚姻關係的主要形式，雖然不再是過去的包辦，但是「經人介紹」和「父母同意」仍然是建立婚姻關係必須的程序，哪怕是自己認識的、相中的，也要有形式上的「媒人」，否則婚姻關係就不那麼名正言順。同一時期，根據一項在北京、成都、廣州的調查，由「自己做主」的婚姻也只占43.51％，「自己做主，父母同意」的婚姻還占28.68％。即使是二十一世紀的今天，在偏遠的農村，「媒人」仍然是婚姻關係建立過程中不可缺少的仲介。

經不起推敲的第二個方面是，即使在不少地方先談戀愛後結婚已經成為了建立婚姻關係的一般模式，也不能證明愛情就是婚姻的唯一基礎。處在戀愛階段的讀者或者已經結婚的讀者，尤其是在戀愛中遇到家庭障礙的讀者一定有這樣的體驗，自己與對象之間愛得瘋狂，家長或親友卻勸解說：「愛情又不

能當飯吃，總不能餓著肚子談愛情吧。」

　　的確，正如我們前一講已經討論過的，人的基本生計是依靠個人的勞動來建立、維持和發展的。如果沒有了基本的生計，愛情就等於建立在空中樓閣之上。這是愛情不能作爲婚姻唯一基礎的根本理由。此外，即使有了基本的生計，人們相識、相愛，在愛情的潮湧中建立了婚姻關係，可在家庭瑣碎生活中，在雙方再也感受不到曾經擁有過的激動與瘋狂時，受騙與怨恨隨之而來，愛情消失了，痛苦、心酸、苦楚、背叛、離婚變成了對浪漫愛情最好的註腳。社會學家們於二十世紀九〇年代中期對中國七個城市婚姻狀況的調查顯示，夫妻感情很深的占36.11％，較深的占38.1％，一般的占24.93％，破裂的占0.86％。這是夫妻感情的狀況，而且不排除在結婚以後培育出來的感情。

　　事實上，在大多數社會中，絕大多數人在考慮婚姻的時候，愛情往往只是其中的一個因素，更多考慮的卻是兩個人是否「相配」。

　　在這裏，我們用了一個定義不清的術語（不是概念）來解釋婚姻的基礎，這是因爲在不同的時期和不同的社會，甚至不同的社區中，人們對「相配」都有不同的定義。舉例來說，「門當戶對」就是對「相配」的進一步界定，是說男女雙方家庭的社會地位基本相若，處於相同或相似的社會階層。但這絕不意味著在同一個社會階層裏的什麼人之間都可以建立婚姻關係，因爲人類社會對婚姻關係有一些基本的禁忌。

　　第一個禁忌就是兄妹婚姻。根據已有的資料，除了兩個例外，在已知的人類社會中，幾乎沒有哪個社會允許過兄妹之間發生性關係和建立婚姻關係。第一個例外就是古埃及十八王朝

初實施兄妹婚，另一個例外就是摩爾根在《古代社會》中提到的古夏威夷皇室的兄妹婚。

第二個禁忌就是父母子女婚姻。儘管在歷史上曾經有過兒子繼承父親妻室（不是自己的親生母親）的例子，但是在現代社會，即使不是自己的親生母親，這樣的婚姻關係也是被嚴格禁止的。由此推展開來，長輩與晚輩之間的婚姻受到嚴格的約束；在一些仍然遵從輩分關係的社會，即使是年齡相仿，不同輩分之間的婚姻也受到嚴格限制，包括師生之間的婚姻常常也被認為是亂倫。

第三個禁忌是表親婚姻。表親婚姻曾經被認為是維持親屬關係的重要方式，但是在現代社會，人們已經認識到這樣的婚姻會導致嚴重的遺傳疾病，所以在很多社會中，甚至以法律的形式禁止表親婚。

除了這三種在中國社會普遍存在的禁忌以外，在一些特殊群體中還有更多的複雜禁忌，譬如一些少數民族儘管不禁止族（民族，非家族）外婚，但絕大多數人實踐的卻是族內婚，即所謂的內婚制；還有一些不同宗教信仰人群之間的婚姻也受到宗教信仰的約束，尤其是在具有宗教衝突的社會和地區。

在這些禁忌之外，邏輯上，人們可以任意選擇自己的伴侶，年長的與年輕的、黃皮膚與白皮膚、種地的與經商的，在他們之間建立婚姻關係都應該沒有問題。但事實上，對伴侶的選擇並不真的就是個人的事情，每個時期、每個社會都有約定俗成的對「相配」的界定，大多數人都會選擇與自己的社會經濟地位、文化、職業、民族、宗教等基本一致的人建立婚姻關係，這就是所謂的同類婚（具有共同社會特徵的人之間建立的婚姻）。

　　那麼，人們到底在怎樣選擇自己的伴侶呢？先讓我們看一個流行的、形象的說法（並不是科學的研究結論）。有人說二十世紀五〇年代的大陸民眾擇偶標準是：一顆紅心兩種準備，每月三十元生活費。政治可靠，出身貧農，丈母娘在居委會；六〇年代的擇偶標準變成：成分是工人，收入支出能平衡，房子兩大間，糧票二十九斤半；七〇年代的擇偶標準爲：一表人才，二老雙亡，三轉一響，四季衣裳，五官周正，六親不認，七十塊以上，八面玲瓏，煙酒不沾，十分聽話；八〇年代的標準是：八大件，三套間，存款不少於一萬元，有文憑，坐機關，父母最好是大官，經常出差四處轉，外貿部門有內線，看報可以看「內參」，看病都進軍醫院，坐小車，玩電話，屋裏還有大彩電；九〇年代的標準是：電腦要上網，要有別墅要有廠，汽車最孬是桑塔納（雪鐵龍），出門不帶錢只帶卡，出國出到加拿大，最孬也是澳大利亞。

　　怎麼會這樣呢？在這段流行的「段子」裏，除了帶有價值偏向的調侃以外，我們仍然可以看出來，不同的時期的確有不同的取向和標準，而且在這些不同之中，包含著相同的原則，人們所遵循的仍然是同類婚。問題是，爲什麼在婚姻這種個人問題上會受到如此的社會約束？

　　對婚姻禁忌的解釋主要來自生物學。一般認爲，近親繁殖會導致發育障礙、智力障礙等疾病，並進而導致人類大腦和身體的退化，由此直接威脅人類的繁衍和生存。不過，也有人認爲，生物學因素並不能解釋亂倫禁忌這一現象，因爲人類的亂倫禁忌在先，生物學對近親繁殖後果的理解在後，而且近親繁殖所導致的退化現象只是統計中的小概率事件，並不發生在所有近親婚姻中。此外，即使有所謂的退化問題，退化的過程也

非常緩慢，並不必然導致全面的人種退化。因此，在形成人類亂倫禁忌的時候，不是因為人類看到了近親繁殖的後果，而可能是其他的原因，譬如亂倫禁忌有助於遏制近親之間因為爭奪配偶而導致衝突，進而有助於保持群體的繁衍；亂倫禁忌有助於防止家庭中的角色混亂，譬如，如果父親與女兒結婚並生子，那麼家庭中的角色關係就會變成一鍋粥；或者亂倫禁忌可以保證一個群體與另外的群體透過婚姻來建立聯合（如昭君出塞），進而保證群體的生存，等等。

對於同類婚，社會學更多地傾向於功能主義的解釋。如果夫妻雙方不能相互理解和包容，那麼如何維持這樣的婚姻？既有的研究結果表明，要想使婚姻長久，夫妻雙方必須認識到對方的需求，尊重對方的人格和價值，甚至理解和容忍對方的缺陷。因此，所謂好的婚姻就是兩個人在容貌、個性、影響力、智力和財富等方面基本相似的婚姻。

在繼續討論之前，讓我們看一個實際的例子。根據《揚子晚報》的資料，南京部分資深婚禮主持人對三百名新娘和準新人進行了一項專項調查，65％的女性擇偶首選「道德品質」、「人品素質」，20％看重「相貌」、「氣質」、「身材」，而選對象把「財富」和「年齡」放在第一位的分別僅占10％和5％。擇偶條件的排序依次為品質、體貌、財富、年齡。

那麼品質是什麼？又從哪裏來？在第三講中，我們已經討論過，一個人的品質就是這個人的社會化程度，對社會的理解和對待社會的態度，而所有這些都與這個人所處的社會環境和地位有關，一個叫花子是不會顧及「不要隨地吐痰」的社會規則的，但是一個在辦公室上班的人，哪怕是掃廁所的，也要遵守這樣的規則。因此，對品質的判斷事實上就是對兩人之間相

似性的判斷。

　　一項在上海和哈爾濱對不同年代擇偶、戀愛的三千兩百名已婚男女的調查也顯示，不同的時代，人們對雙方相似性的認識存在較大的差異，譬如一九四八年到一九六六年，擇偶最關注的十個方面按關注程度高低依次是：老實可靠、健康、性格脾氣相投、溫柔體貼、本人成分和政治面貌、家庭出身和社會關係、生活習慣、年齡、收入、聰明能幹。一九八七年以後，最關注的十個方面的順序則是：健康、性格脾氣相投、老實可靠、職業、溫柔體貼、住房、收入、容貌、生活習慣、學歷。儘管這其中有差異，但我們依然看到，「性格脾氣相投」被放在非常重要的位置。

　　人們之所以選擇這樣的婚姻，不僅僅是因為人們希望婚姻長久，而且是因為這樣的婚姻更有助於對後代的養育。如果夫妻雙方根本就不能相互理解與包容，那麼在後代養育問題上就會出現進一步的衝突，譬如在是否生育的問題上就會引發各種衝突；即使有了下一代，衝突的婚姻也會對下一代產生負面的影響，嚴重影響後代的成長。

　　在二十世紀六○至七○年代國外對工人婚姻狀況的調查中，研究者們發現，夫妻雙方往往傾向於各過各的生活，他們並不認為親密關係有什麼特別重要，大多數人認為，婚姻是一種必須的、有用的關係，最重要的目標就是能夠過上舒適的日子，並且對孩子有利。根據二十世紀九○年代中期對北京和西安等地的調查，儘管夫妻雙方都認為在影響家庭生活滿意度的諸因素中，婚姻滿意度最為重要；但在影響婚姻滿意度的一系列因素中，最重要的不是愛情，而是家庭的經濟支配權。

　　當然，在婚姻關係的建立中，「門當戶對」背後還有一個

重要的社會假設，那就是小妻可以嫁老夫，但男性的社會經濟
地位、受教育程度、職業聲望卻不能比女性的低。一個很粗糙
的解釋就是社會中的男女地位結構。在第四、五講中我們已經
討論過，儘管女性受教育的機會和工作機會隨著時間的推移已
經有了很大的改善，但在目前，男性仍然是這個社會的主導力
量，他們始終占據著優勢的和有利的地位，兩性之間尚不具備
完全的相似性。這也是在選擇伴侶方面，男性與女性有不同訴
求的原因。譬如調查顯示，男性更多地是以貌取人，注重女方
的外形（容貌、身材、膚色）、素質（受教育程度、興趣、修
養）、品行（道德品質、為人處世）和性情（性格、脾氣等）。

　　到這裏，我們已經可以理解，找一個什麼樣的伴侶絕不只
是個人的事情。

6.2　結婚、離婚和再婚

　　同樣，結婚也不只是兩個人的事情。無論在農村還是城
市，結婚往往會表現為一種家庭活動。在結婚的時候，男女雙
方的家庭和親屬、朋友都要捲入活動之中，雙方的家庭都要用
宴席招待家裏（包括家族）的親朋好友；在城市我們會看到遊
行的花車；在農村，我們會看到各地不同的迎親活動；而且任
何正式的結婚活動，都有非常嚴肅的結婚儀式，在這個儀式
上，由合適的人物主持並宣布婚姻成立。

　　不僅如此，在許多社會中，正式結婚之前的訂婚儀式甚至
比結婚儀式更加複雜。五〇年以前，在漢族地區，通常所見的
訂婚儀式包括了媒人將兩個家庭狀況正式通報對方，將男女二

人的生辰八字報告給專門的權威進行論證，在獲得雙方家庭認可，並經權威認定兩人八字相合的前提下，由男方家庭將聘禮和相關文書送給女方家庭，經女方家庭認可，才可以正式確立兩人的婚姻關係。

為什麼看起來是兩個人之間的事情會招來如此複雜的社會捲入呢？一個簡單的解釋就是，結婚作為婚姻關係的形式化程序，是為了說明和昭示即將完成的婚姻關係（在許多地區通常叫做完婚）符合社會的基本規範和準則，男女雙方的性的結合具有合法性，兩性關係產生的子女具有合法性，將來可能派生出來的新的社會單元（新家庭）也具有合法性。

不過，我們不能說合法的性關係和性關係的後果就一定是婚姻和家庭。根據蔡華的研究，雲南地區的摩梭人，兩性之間可以有合法的性關係，但是兩性之間僅僅限於性關係而已，即使因為交媾而懷孕生子，兩性之間也不會建立正式的婚姻和家庭關係。

同樣，需要說明的是，我們這裏所討論的結婚指的是一夫一妻制的婚姻，但這並不是人類婚姻的唯一形式。根據默多克（George Murdock）一九四九年對二百三十八個社會的研究，一夫一妻制的只有四十三個，一夫多妻制的有一百九十三個。根據《可蘭經》，在回教國家，一個男性可以娶四個妻子；一九四九年以前，中國實施的也是不嚴格的一夫一妻制，一個男性可以娶多個妻子。根據藏學專家的研究，直到現在，在西藏地區仍然存在多種婚姻形態，一夫多妻、多夫一妻、一夫一妻制都存在，嚴格地說，在那裏不存在對婚姻關係中夫妻數量的嚴格限制。

儘管人類大多數社會恪守一夫一妻制的婚姻制度，但這也

不意味著不存在婚姻以外的兩性關係。事實上，婚姻以外的性關係，包括婚前性關係和婚後與配偶以外的人所發生的性關係，是一個普遍存在的事實。

就婚前性關係而言，北京大學醫學部公共衛生學院近年對北京市五所高校一千三百一十名在校大學生的調查結果顯示：半數以上的學生認為在雙方相愛、關係穩定、準備結婚的情況下，婚前性關係是可以接受的。對性行為的進一步調查顯示：有過婚前性行為的男生占15％，女生占13％。首次發生性關係的平均年齡，男生18.7歲，女生19歲。江蘇省社會學學會婚戀家庭諮詢中心的調查結果也顯示，70％左右的人認為婚前性行為可以理解，而且有15％的未婚女性婚前懷孕。另外根據一九九八年對中國大陸初中以上文化人口的隨機調查，60％左右的被訪者認為男性和女性的婚前性行為是「可原諒」和「不算錯」的。

在美國，一九八八年對十五至十九歲女性的調查表明，在十五至十七歲期間有過性經歷的女性占38.4％；在十八至十九歲期間有過性經歷高達74.4％。另據一九九○年對美國中學生性經歷的統計表明，大約在十七至十九歲期間，有60.8％的男生和48％的女生已有過性交經歷。

就婚外性關係而言，根據一九九八年對中國大陸初中以上文化程度人口的一項調查，接近30％的受訪者認為，妻子有外遇是可以接受的，30％以上的人認為丈夫有外遇是可以接受的，而且將近一半的人認為男人更喜歡有外遇。這個結果也可以從另一項調查中得到佐證。

根據上海大學的一項調查，33％的人認為「只要有感情，就允許婚外性行為」；12.4％的人認為，「只要配偶不反對，

就可能」；只有28.9％的人認爲，婚外性行爲「不利於家庭的穩定，應反對」；總體而言，大約60％的受訪者對婚外性行爲是持肯定或有條件肯定或寬容態度的，其中大學生持肯定或寬容態度的也高達55.5％。

現在我們還沒有確切的資料說明有多少人有婚外性行爲，不過，我們可以從婚外性行爲與離婚的關係窺見一斑。上海對五百對離婚案例的抽樣調查顯示，有40％的離婚人士表明配偶有婚外性行爲，而且在發生婚外性行爲的人士中，女性多於男性，且大多數是普通市民。甚至還有資料表明，對中國一些城市的離婚調查顯示，女性因丈夫有第三者而要求離婚的占64.8％，男性因妻子有外遇要求離婚的占48.6％。在對瀋陽市一千對離婚夫婦所作的「對婚姻不滿的原因」調查中，羨慕他人家庭或注意他人配偶的比例爲：男53％，女37％；與異性接觸頻繁的男32％，女41％；與他人有曖昧關係的男11％，女29％。

根據金賽研究所（The Kinsey Institute）的報告，二十世紀九○年代，女性有婚外性行爲的比例約是30-36％，男性婚外性行爲比例約是40-50％；英格蘭、蘇格蘭、威爾斯：男性45％，女性42％；芬蘭：男性44％，女性19％。

儘管絕大多數人都希望自己的婚姻美滿長久，但婚姻以外普遍存在的兩性關係事實告訴我們，結婚只是向社會公開了一樁婚姻，卻並沒有承諾兩人之間一定要常相廝守。就像結婚一樣，離婚也是重要的社會事實。

根據在中國婚姻法學研究會舉辦的「婚姻法修改研討會」上披露的資料，二十世紀八○年代以來，中國人的離婚數量迅速上升，如果用結婚與離婚之比來表示，一九八○年結婚的有

716.6萬對，離婚的有34.1萬對，大約為21：1；一九九五年，結婚929.7萬對，離婚105.5萬對，大約為8.8：1。從中國大陸人民法院受理的一審離婚案件數量來看，一九九〇年是八十一萬多件，一九九一年八十六萬多件，一九九四年一百零三萬多件，一九九七年達一百二十四萬多件。儘管我們尚未掌握確切離婚率，但是從這些資料中，我們仍然能夠判斷，中國的離婚率在上升。

不僅中國如此，工業化國家也大都經歷了同樣的過程，而且這個過程尚在繼續中。舉例來說，一九六〇至一九七〇年，英國的離婚率以每年9％的速度穩步增長，十年中，離婚率幾乎翻了一倍；在美國，一九七〇年的離婚率為47‰，一九八〇年漲到了100‰，一九八九年漲到了138‰；根據《今日美國》二〇〇一年三月的資料，在過去的十五年中，有43％的初婚者已經離婚。

既然兩情相悅地結婚，為什麼又有這麼多人離婚，而且社會還允許離婚呢？

讓我們先討論第二個問題。對歷史資料的發掘表明，幾乎在所有的傳統社會，無論東方還是西方，離婚都曾受到極其嚴格的限制，譬如在西方，只有在尚未完婚時，才允許解除婚約；在中國，甚至只允許男人休妻，而不准許女人休夫。後來對離婚的准許也是建立在嚴格的條件基礎上的，譬如配偶的一方必須有足夠的證據指控對方的極端過失行為才可以離婚。儘管中國大陸的婚姻法在二十世紀的五〇年代就已經提出了結婚自願、離婚自由，但在實踐中，提出對對方的指控幾乎是獲准離婚的必要條件。二十世紀六〇年代以後，一些工業化國家引入了所謂「無過失」離婚，即只要配偶中一方提出兩人合不

來，需要離婚，就可以准許離婚。二十世紀八〇年代以後，「感情破裂」也成為了離婚的理由。社會之所以將離婚限制越放越鬆，根本的理由就在於人們對個人自由的認同；另一方面，即使社會不贊同正式離婚，人們也可以採用其他方式來宣告婚姻的失敗，其效果也許比離婚更糟，譬如分居給所有家人帶來的影響就不亞於離婚。

從前面的分析中我們已經理解到，愛情並不構成婚姻的唯一條件，不少人對婚外性行為也持寬容態度。那麼，人們到底為什麼要離婚呢？對中國離婚的初步研究表明，離婚的原因多種多樣，更多的是因為女性因不堪忍受丈夫的暴力、遺棄、虐待、不盡義務、酗酒、賭博、吸毒、犯罪和嫖娼等惡習，或與丈夫性格不合而急於逃離不幸婚姻。不過這並不是主流的意見，對上海的一向調查說明，「性生活不和諧」是導致離婚的主要因素；也有更加現實的解釋，認為現代人對婚姻品質的期望值遠遠高於上一輩，一旦婚後的現實與婚前的期望產生矛盾且不可調和，離婚就是必然的選擇。

當然，也有社會學家更願意從社會的層面尋找解釋變量，譬如社會變遷。有人認為，社會財富分配狀況的變遷一方面改變了婚姻與財產獲得之間的關聯，另一面也使女性有更多的機會獲得經濟上的獨立，因此，婚姻不再承擔曾經是必須的經濟功能。也有人解釋說，婦女地位的獨立使她們更少把離婚與羞恥聯繫在一起，更多地追求自己的滿足，離婚成為了一種正常的生活選擇，就像買東西一樣。

不過，我們相信這些原因都很難解釋離婚率不斷上升的社會事實。更有說服力的解釋需要更加細緻的研究。不過，進行這樣的研究並不容易，尤其是在中國，協議離婚和訴訟離婚都

是合法的離婚手段,可以離婚的理由也多種多樣,包括在測量上有很大難度的「感情破裂」。

社會學家不僅關注離婚的原因,更對離婚給子女和他人帶來的影響和離婚以後的婚姻選擇感興趣。既有的研究清楚地表明,離婚對家庭成員尤其是未成年子女的負面影響非常嚴重。根據美國國家衛生統計中心的資料,在美國,離婚牽扯到越來越多的未成年子女,一九五六年時涉及三十六萬,到一九八八年時,則涉及了一百零九萬;從另一個方面來看,大約41%的孩子在他們十五歲之前都會經歷父母離婚。

沃勒斯坦和凱利(Judith Wallerstein and Joan Kelly)對美國西海岸六十對離婚夫婦的子女的追蹤研究表明,所有受牽連的一百三十一個孩子,在他們的父母離婚的時候都感受到了強烈的情緒困擾,年幼的孩子感到困惑和恐懼,並把父母的離異歸咎於自己;大一些的孩子雖然能夠理解離異的動機,卻仍然感到憂慮,甚至表現出憤怒。五年以後,儘管大部分孩子已經能夠處理好自己與家庭之間的關係,但仍然有三分之一的孩子還處在困擾中,基本的表現是抑鬱和孤獨。沃勒斯坦進一步的追蹤研究表明,在十年、十五年以後,儘管這些孩子已經成年,但父母離異的陰影仍然存在,甚至被帶到了自己的生活中。所有人都認為,父母的離異對他們是一種傷害,而且不希望把這樣的傷害帶給自己的下一代,因此,希望自己的婚姻能夠建立在愛與忠誠的基礎上,是一樁負責任的婚姻。

理查茲(Martin Richards)的研究則進一步表明,父母分居或離婚的孩子與正常家庭的孩子比較,前者具有一些共同的特點,譬如自尊心和學業成績水平相對較低,成年後更換工作的頻率更高,而且本人也有更大的離婚傾向。

　　但中國大陸的研究卻有不同的結果。有人指出，大多數父母在離異後都能顧及子女利益，並想辦法來癒合離婚給子女帶來的創傷，加上相當一部分子女在父母離婚時尚年幼，實際上所受消極影響不大。並且這一研究還給出了一份對離異家庭子女的抽樣調查結果，說明父母認為離婚對孩子有很大負面影響的只有5-10％，有積極影響的10-15％；由此，進一步提出，一些孩子由於家庭變故而更加成熟，自理能力更強，更富於同情心，更懂得尊重體貼長輩，生活較儉樸等。

　　從不良婚姻與離婚影響的比較出發，也有研究者提出，孩子心靈的創傷未必與雙親的離婚直接相關，很可能與父母經常在子女面前吵架、鬥毆有關。因此，與其讓子女在父母行為不良的完整家庭中艱難度日，不如讓他們在寧靜的單親或再婚家庭中放鬆、愉快地生活。

　　儘管這些研究存在一些方法上的缺陷，研究結果也有值得進一步討論的地方，但人類嚮往美好的婚姻並因為離婚而給社會帶來了影響，卻是不爭的事實。正因為如此，儘管離婚的人可以選擇單身、保持單親家庭，但不少人也選擇了再婚。

　　根據德國官方統計，在離婚者中，大約有四分之一會復婚，二分之一再婚，另外四分之一會選擇從此單身。在英國，在28％的年輕人的婚姻中，至少有一方是再婚；三十五歲以後，絕大部分結婚的人都涉及他人的再婚。在美國，大約有一半的婚姻涉及再婚者。在中國，離婚五年內再婚的男性占89％，女人占79％；一九九九年，全國有一百二十萬對夫妻離婚，但再婚的有一百萬對。

　　因此，離婚到底對社會帶來了怎樣的影響，仍然是一個值得深入探討的議題，尤其是在劇烈社會變遷的中國大陸，結

婚、離婚和再婚有著更加複雜的社會環境。

6.3　何以爲家

　　儘管在人們的日常生活中常常會婚姻、家庭並提,但是有了婚姻,不一定有家庭。相信很多人都讀過老舍先生的《四世同堂》,即使沒有讀過的人也應該對祖孫三代同在一個屋檐下的事情並不陌生。且不說四世同堂中已經包括了多少婚姻,就三代同堂而言,至少包括了兩椿婚姻,祖輩的、父輩的,如果父輩不只一個兄弟,就多於兩椿了。

　　因此在社會學中,婚姻被定義爲社會認可的配偶約定,在一夫一妻制的條件下,指的就是一男一女之間的性行爲和經濟合作。也就是說,婚姻一定包括了兩性關係或者是模擬兩性關係,異性之間的結合就是兩性關係,同性之間的結合儘管是同性,但仍然在模擬兩性關係。

　　但家庭通常被理解爲一種社會組織單元,單元中的成員主要來自血親關係或由婚姻構成的非血親關係或模擬血親關係。傳統的家庭通常包括了夫婦、父母(或其他長輩)、已婚或未婚子女、已婚或者未婚的兄弟姊妹。而現在的家庭,通常還是包括了血親關係,但也有不包括任何血親關係的,譬如一對同性戀人領養一個孩子,在美國,這已經不是個別案例了。不過在中國,直到今天爲止,尚沒有這樣的案例。但是我們卻看到了另外的案例,那就是,在雲南的摩梭人中,主要的家庭成員之間只具有血親關係,但沒有婚姻,根據通常的稱謂習慣,從年幼者的立場出發,家庭的主要成員包括外婆、舅舅、姨媽、母

親、年幼者自己及兄弟姊妹。

那麼，世界上到底有多少不同的家庭模式呢？在解釋這個問題之前，我們首先要弄清楚家庭、家族、親屬關係之間的區別。簡單地說，家庭與家族的區別在於經濟與生活。一個人可以有很多的兄弟姊妹，哪怕所有兄弟姊妹都結婚生子，如果所有這些人仍然生活在一個屋檐下並且同一口鍋吃飯，也沒有分開核算，那麼這仍然是一家人。如果其中有人分灶吃飯，即使仍然住在一個屋檐下，也已經成爲了另一家人。但此後，兄弟之間（不包括姊妹及其配偶）仍然是一個家族，而且家族關係可以延伸至多代；如果姊妹結婚以後另立家庭（這是通常的情形，因爲要與夫家同住），那麼，兄弟與姊妹之間以及姊妹相互之間，則變成了親屬關係。家庭更多地表現爲由血親關係和模擬血親關係組成的緊密的經濟聯合體；家族是由男系血親組織構成的鬆散聯合體；親屬關係則是由更加廣泛的血親關係組成的聯合體。

基於這樣的理解，社會學家將人類傳統的家庭模式分爲三類：(1)由夫妻及其未成年子女組成的「核心家庭」；(2)由夫妻、夫妻的父母，或者直系長輩以及未成年子女組成的「主幹家庭」；(3)由核心家庭或者主幹家庭加上其他旁系親屬組成的「擴大家庭」。也有人主張將後兩者合併，簡稱爲「擴大家庭」。

擴大家庭曾經是中國人的夢想，人們常常用「子孫滿堂」來表述長輩的成功與幸福。不過對中國歷史上是否眞正存在過「大家庭」，學術界一直有爭論。

有人指出，農業的特點即勞動複雜和周期長，使得一人之力無法完成，需要許多人甚至幾代人的合作和努力。所以中國古代都聚族而居，形成一個個大家庭。並認爲，在歷史上，五

代、六代同居的是尋常事,七代、八代同居的也不稀罕,甚至還有九代、十代同居的。據史書記載:宋朝學者陸九淵曾在江西撫州十代同居,共有三千人。由最長者擔任家長,子弟們分別擔任農田、租稅、廚房、接待等工作。每天早晨,家長率眾子弟拜謁祖宗家廟,然後誦讀用韻文寫成的家訓。百數十年如一日,受到朝廷的表彰。

也有人指出,認為中國傳統社會是以大家庭為主其實是一種誤解。人們的確是以大家庭為理想,但並未普遍存在過所謂的大家庭。事實上,所謂的大家庭主要存在於世族門閥之中,而且這樣的人畢竟是少數;絕大多數庶民是以核心家庭或者主幹家庭為主的小家庭,擴大家庭式的大家庭並不存在。

社會學家對西歐的研究也有類似的結論。也有人曾經認為西歐的傳統家庭是擴大家庭占支配地位,但後來的研究表明,核心家庭始終居於顯著地位。以英格蘭為例,從十七到十九世紀,平均家庭人口的規模是4.75人,這還包括了家庭中的僕人,如果除去僕人一人,則平均家庭規模為3.75人,與現在英聯邦的家庭規模3.04人近似。

但無論如何,人類的家庭在向核心家庭收斂卻是很明顯的事實。根據古德(William J. Goode)的研究,這種轉變從英國開始,迅速向全球蔓延。根據對中國大陸五個城市的調查,二十世紀五〇年代初期,核心家庭的比例為55%,六〇年代後期為63%,七〇年代後期為59%,八〇年代為66%;一九九〇年的普查資料顯示,中國農村的核心家庭比例與事實基本相若,大約在三分之二左右。

對於這樣的過程,社會學的基本解釋是,當工業取代農業而成為人類的基本生計時,年輕人從農村來到城市,在城市留

下來，結婚生子，並割斷了與鄉村家人的聯繫；而為了工作，搬遷又成為了城裏人必須適應的生活方式，人們沒有理由拖家帶口地四處奔走，簡單、便捷成為人們對家庭規模的適用性選擇。

這是對傳統家庭的理解，而且還沒有包括摩梭人的家庭模式。如果考慮工業化過程給人類家庭帶來的直接衝擊，我們就會發現，現有的家庭模式已經遠遠超出了簡單的三分法，並正在向更加多元的方向發展。

前面我們在討論離婚的時候就已經指出，儘管有不少離婚人士選擇再婚，但也有不少人選擇不再結婚，這就構成了由單身父親或母親養育未成年子女的家庭，即所謂「單親家庭」。與此相似的是，不少未婚生子的人士在後來也不選擇婚姻，而願意單獨與自己的子女生活，由此構成了單親家庭的另一個來源。

在西方國家，不僅離婚率居高不下，非婚生子也成為重要的社會現象。一九九四年，英國有32％的新生嬰兒屬於非婚生育，義大利為7％，法國高達35％，丹麥47％，瑞典50％。原本中國人對單親家庭並不認可，離婚後往往會與長輩共同生活，且極少未婚生子的情形，但現在這種狀況正在改變，人們不僅對離婚持越來越理解的態度，對未婚生子的現象也越來越容忍，並由此使得單親家庭成為人們不得不關注的社會現象。如果人們到了結婚的年齡卻不結婚或者離婚以後不再婚，而是一個人生活，就是所謂的「單身家庭」。單身家庭的一個來源就是，人們對婚姻的漠視或恐懼，不願意結婚或者再婚；另一個重要來源就是老年喪偶。根據中國大陸省級老齡工作委員會辦公會議的資料，到二○○一年底，中國六○歲以上的老齡人口

已經達到了1.32億，並正以每年3.2％的速度急劇增長。在這些老齡人口中，包括了相當部分的喪偶人口，如果他們不和子女生活，就變成了單身家庭。

第三類非傳統的家庭是重組家庭，即夫妻一方再婚或者雙方再婚組成的家庭，當然也包括此次婚姻前一方或雙方的子女。離婚率的居高和再婚率的不斷攀升，使得重組家庭在西方國家的家庭類型中已經占據了重要位置。威默特（Peter Willmott）甚至認為，現代的家庭正在重組之中。在中國大陸，更多離婚或喪偶的人選擇了再婚，根據抽樣資料，農村地區的離婚再婚率甚至高達90％。因此，重組家庭就成為家庭研究中的重要內容。

第四類非傳統的家庭就是頂客家庭。「頂客」是英文縮寫DINK譯音，意為雙倍收入、有生育能力但不要孩子、浪漫自由、享受人生。作為對傳統家庭意義的反叛，「頂客家庭」於二十世紀的六〇至七〇年代開始在發達工業化國家流行，追求這種時尚的主要是年輕夫妻。

二十世紀八〇年代以後，「頂客家庭」也開始在中國的大城市流行，並有逐步向中小城市擴散的趨勢。從統計資料來看，北京市一九八四年以來結婚的夫婦中，約有20％的夫婦自願不育，人數近十萬；一九八六年，在廣州有生育能力而不願生育的夫婦達三萬人，一九八九年猛增到十萬人；上海市在一九七九至一九八九年間的五十多萬對新婚夫婦中，約有14-15％的人選擇不育。一九八九至一九九四年間，「頂客家庭」約占全市家庭夫婦總數的3-4％，人數超過八萬。一九九四年，全國各大城市的「頂客夫婦」總數已突破一百萬對。

根據既有的研究，與其他非傳統家庭不同的是，「頂客家

庭」基本上屬於受教育程度較高、社會地位較高的人口。以北京市爲例，「頂客夫婦」的職業構成分別是：幹部、知識分子爲73.1％，具有大專以上教育水平的男性占65.8％，女性占68.4％。

第五類非傳統的家庭爲空巢家庭。在中國人的傳統習俗中，子孫繞膝既是一種理想的也是一種典型的老年生活狀態。但是，現在的子女都要爲自己的生活努力，基本上沒有機會圍在雙親的身邊，這大概就是一首「常回家看看」的通俗歌曲能夠迅速紅遍中國大陸的根本原因。社會學中把只有老兩口生活的家庭稱之爲空巢家庭。

經典的家庭生命周期理論認爲，當最後一個孩子長大成人離開家庭的時候，也就是這個家庭的生命周期即將結束的時候。當配偶一方死亡而老人單獨居住時，家庭就從空巢期進入了消亡期。根據人口學家對中國人口的測算，一九九〇年，六十五歲及以上老年人口占總人口的比例爲5.6％，二〇〇〇年上升到了6.7％，大概到二〇〇三年，六十五歲及以上老年人口占總人口的比例將超過7％，從而進入老齡化社會。由於中國養老的主要模式仍然依靠家庭，社會化養老的程度不高，在進入老齡化社會以後，空巢家庭將呈不斷增長的趨勢。

當然，除此以外，我們還可以從居住格局、繼嗣方式、權威類型和婚姻方式等等不同的側面來瞭解家庭。不過即使是不做進一步的瞭解，讀到這裏，不少讀者也一定心存疑問了：既然家庭沒有共同的模式，爲什麼都叫做家庭呢？家庭對社會到底意味著什麼？對社會成員又意味著什麼？

6.4 家庭的社會意義

對於社會學研究而言，僅僅瞭解家庭的模式是遠遠不夠的，對家庭模式的瞭解是為了進一步探討家庭對個體、對社會的影響和意義。那麼，作為基本的社會單元，家庭在社會中到底扮演著什麼樣的角色呢？對這個問題，社會學中的主流研究範式都有自己的解釋。

6.4.1 功能主義的解釋

社會學中的功能主義學者認為，家庭對社會的貢獻是顯而易見的。在許多部落社會中，家庭是基本的自給自足單位，所有家庭成員共同參加生產勞動，狩獵、採集和修造住所，為所有家庭成員提供必須的生存物質：食物、衣物、住處等等；不僅如此，家庭中的長輩不僅要生養子女，還要為子女的成長提供環境，教他們生存的技能，培養他們基本的價值觀念，因此，家庭基本上是一個全能的社會單元。

正如前面已經討論過的，人類經濟生活方式的改變，也改變了人類的家庭生活。不僅家庭結構從傳統的核心家庭、主幹家庭甚至擴大家庭，向越來越小型化、簡單化、多樣化的家庭模式發展，與之相伴隨的還有家庭意義的改變。

在現代社會，家庭的首要社會意義是生養。孟子說，不孝有三，無後為大。從前面的討論中我們已經知道，儘管有多種家庭形態與生養無關，甚至有的與生養對立（如頂客家庭），但那些形態並不是主流的家庭模式，主流的家庭模式仍然是一夫

一妻加子女的核心家庭；即使是非主流形態的家庭（如同性戀家庭），也有不少人願意用收養的方式養育後代。因此，直到今天，人們仍然在遵循社會繁衍的基本法則：透過生養的方式保證家族的繁衍，進而保持社會的延續。

　　不過，現代社會的生養已經遠不是增加幾口人那麼簡單。在傳統社會中，人們對生養的基本理解是增加一個人口、添一雙筷子，只要能夠養活，就能夠保證社會的延續，因爲傳統的生計形式並不需要人們花太多的時間來獲取人類的知識積累，強壯的身體才是第一位的。可在現代社會，儘管強壯的身體仍然重要，但是獲取知識的重要性卻在不斷上升，從上一講的討論中我們已經瞭解到，現代社會的職業對知識的要求不僅越來越專門化，也越來越個性化，要求就業者在既有知識積累的基礎上具有更強的創造能力，而這種能力的培養正是從養育開始的。這就是與生養緊密聯繫在一起的家庭的第二個重要意義：社會化。

　　正如在第三講的討論中我們已經清楚地說明的那樣，人的社會化始於家庭。從家裏，人們學會了吃飯、穿衣、行走坐臥，學會了對冷暖的理解等基本的生存技能，同時也學會了對自我的認知，對社會的基本瞭解，對人對事的態度。

　　此外，還有一項非常重要的內容，就是人類的情感。社會學和心理學的研究都表明，對於社會而言，個體的情商和智商一樣重要。就像人類的基本能力不是人類的本能使然一樣，人類的情感也不是人類的本能，而是社會的產物，是在與社會的互動中發展出來的。情感的搖籃則正是一個人最初所處的社會團體。對於絕大多數人而言，這個初級社會團體就是家庭。

　　人類曾經做過很多嘗試，試圖替代家庭在人早期社會化中

的作用。舉例來說，在以色列的集體農莊，人們將年齡相仿的孩子分成小組與接受過專門訓練的成年人生活在一起；前蘇聯也曾經把嬰幼兒集中起來進行養育；中國大陸在計劃經濟時期，也曾經向前蘇聯學習，在各種工作單位設立託兒所。但幾乎所有的嘗試都是失敗的，集體機構無法取代家庭而成為人早期社會化的場所。

對於社會而言，家庭的第三個重要意義是經濟合作。在傳統社會中，由於男女生理上的差異，導致了經濟活動中的分工與區別，男性主要承擔需要體力的活動，女性則主要承擔技巧性的活動，並由此形成了分工合作的格局，使得家庭中的夫妻在經濟互動中成為相互依賴的整體。透過男女分工和家庭成員的合作，不僅滿足家庭成員的基本生活需求，也實現財富的積累；更透過對人的生產，使財富的積累能夠延續。同樣，隨著人類經濟生活方式的變遷，家庭的經濟意義在逐步減弱。以農業生產為例，儘管農民仍然要從事生產活動，但是家庭的經濟收益並不直接取決於農事勞動本身，而是更多地取決於農藥、化肥、種子等農業生產資料和農產品市場。後者又越來越多地脫離了家庭的控制，被專門的生產和經營服務機構所替代。這樣，經營活動中的很大一部分就讓渡給了社會，而且家庭中的剩餘勞動力也越來越需要在社會中進行消化，而不是從前的勞動力短缺。在工業生產中，家庭的經濟意義甚至僅僅在於勞動力的價值本身，因為絕大多數的城市家庭並不從事經營活動，而是依靠人力資源本身來獲得維持家庭的生計。這樣，基於分工意義上的在性別之間的經濟合作，也就完全失去了意義。

家庭的第四個重要意義就在於對性的管理。儘管約束性行為的觀念和規則在不同的社會和不同的歷史時期有很大的不

同，但是沒有一個社會提倡甚至允許完全自由的性行為，人類社會對性行為總是有所約束的。以性開放最突出的丹麥為例（北歐國家基本類似），儘管人們贊成年輕人的性行為，但是並沒有允許任意的性行為。而對人類性行為進行約束的重要方式就是家庭，透過相對穩定的性伴侶約束，來約束濫交。

之所以約束任意的性行為，社會學的基本解釋是，性行為有可能導致新生命的產生。產生一個新生命容易，養育一個新生命卻要耗費大量的社會資源。如果不約束性行為，誰來承擔養育的責任？此外，性濫交的另外一個危險就是直接威脅社會秩序。在社會中，每個個體都有自己的位置，位置之間有著有規則的排列，這就是社會秩序。社會透過雙親的社會位置進而確定新生命出世時的初始社會位置，由此才使得社會的基本秩序得以維持。而任意的性行為就可能使得社會無法確認新生命的初始社會位置，進而導致社會秩序的瓦解。

從前面的討論中我們知道，現代社會中的人們對性行為的約束越來越寬鬆，但直到目前為止，還沒有寬鬆到允許任意性行為的程度。社會的基本準則仍然是譴責不負責任的性行為。不過，這已經給社會學研究提出了重要的議題，人們對性行為態度的改變到底會給社會帶來什麼樣的影響呢？要回答這樣的問題，則有待於對這種社會現象做進一步觀察。

同時我們也看到，家庭總是處在社會的互動之中，古德在他的《家庭》中認為：「社會是透過家庭來取得個人對社會的貢獻，反之，家庭也只有在廣大社會的支持下才能得以繼續生存下去。」而李維－史特勞斯（Claude Lévi-Strauss）在他的〈家庭〉一文中卻說：「社會中的家庭，可以說像旅行中的歇腳站，既是社會存在的條件，也是對社會的否定。」

6.4.2 　衝突論的解釋

上面是從兩性和諧關係出發對家庭主要社會意義的探討，如果從兩性對抗的視角出發，就會看到家庭的另一些社會意義。

女性主義者強調，兩性之間並不存在和諧的關係，始終存在的是兩性衝突，男性和女性的彼此競爭。在這場競爭中，女性是失敗者，進而也變成了被統治者。在人類社會的早期，兩性的分工是男性狩獵，女性採集和養育。根據坎貝爾（Joseph Campbell）的觀點，那個時候是女性而不是男性是家庭經濟的主宰；但自從有了戰爭和農業，男性的生理優勢逐步得到凸顯，並成為家庭經濟的主宰。不過，也有人對此持不同的觀點，譬如哈里斯（Marvin Harris）認為性別不平等的基礎早在狩獵和採集時代就已經建立。

不管家庭的不平等基礎來源於哪裡，在女性主義者看來，今天的家庭事實上是男性統治女性的工具，並為社會上男性對女性的統治奠定了基礎。許多人把男性看成是這個社會的主宰，並認為這是天經地義的。這是因為，在家庭，女性就表現為從屬角色，就受男性的支配。因此社會中男性對女性的支配只不過是家庭模式的翻版而已。

6.5　家庭會消失嗎？

當我們瞭解到家庭的一些主要功能在逐步為社會所取代的時候，我們理解了為什麼在今天會有各種模式的家庭湧現出

來，同時我們也會提出一個重要的問題，那就是——「家庭會消失嗎？」

的確，不少嚴肅的社會學家在懷疑家庭的意義。首先，過去三十年的變化表明，不僅越來越少的人選擇婚姻，而且越來越少的人選擇生育，多數工業化國家的生育率已經出現了負增長。作為一個生育單元，家庭對於社會最重要的意義在消失；其次，社會本身的變化使得家庭作為社會化主要場所的重要性也在下降，因為今天的社會已經提供了多元化的社會化場所，家庭只是其中之一而已。有人甚至認為大眾傳媒和學校對孩子的影響要大於家庭；第三，人類對性的寬容、離婚率的急遽上升、同居群體的發展也已經昭示著家庭對性行為約束的失敗；第四，經濟生活的多元化早已使得原始的家庭勞動分工失去了意義，所以，家庭的經濟意義已經喪失。

不過，也有嚴肅的學者強調，家庭並沒有走向消失。首先，傳統家庭功能的削弱並不意味著家庭已經失去了意義。家庭仍然是人類本身再生產的基本的、主流的形式，而且人類不可能像生產香蕉那樣對人類自身進行工業化生產，生育將始終是人類自己的事情。其次，儘管人類社會化的途徑已經多樣化，但是已有的社會實驗證明，家庭的社會化仍然具有不可替代性。第三，人類對多樣化性行為的寬容性的確在增加，但這絕不意味著家庭作為對任意性行為的約束在消失，而只能說明人類的性行為約束本身在變得多樣化。離婚雖然會帶來傷害，但並不總是壞事，至少可以讓在婚姻中感受無奈的人開始新的生活。因為不少離婚的人們仍然選擇了結婚，選擇了家庭。第四，家庭的經濟合作體意義的確在消失，這是不爭的事實；但同時人們也看到，作為情感的歸屬，家庭的重要性在不斷上

升，隨著家庭規模的小型化和社會的異質化，現代家庭關心更多的是個人情感。而閒暇的增多也使家庭成員擁有了更多的時間和精力來關注情感，家庭正好成爲了人們情感的歸屬地。

看起來，雙方的解釋都非常具有說服力。這又正好說明雙方都沒有解決問題，而只是說明，在今天，人類的婚姻和家庭正處在兩難的十字路口。家庭會消失嗎？相信沒有人能夠具體地給出答案。這也正是需要未來的研究者做出進一步努力的問題。

除此以外，還有不少議題，諸如家庭暴力、家庭中的角色與權威、同居、同性戀、工作與家庭的關係等，本講尚未涉及這些問題，這需要將來的研究者能結合中國社會的實際做更加深入的探討。

7. 人能群

　　科層制組織廣泛傳播的決定性因素是科層制的技術優勢超過了任何其他組織形式。

　　　　　　　　　　——韋伯《經濟與社會》

　　韋伯（Max Weber, 1864-1920），德國社會學家，古典社會學的
代表人物之一。

　　相信不少人聽說過魯賓遜漂流的故事，也羨慕自由自在的生活。在我們的先人中，不就有陶淵明欣賞桃花源的生活嗎？但如果眞的給你一個無人的世界，又會怎樣呢？開始的時候，一定會非常開心，就像出籠的鳥兒，可以睡懶覺，可以隨意地穿衣服和脫衣服，可以隨意地奔跑，可以大聲嚷嚷叫喚，總之，可以進行一切在有群體的地方被認爲是缺乏教養的行爲。

　　問題是，你能夠堅持多久呢？相信那些厭倦了現代生活的人會毫不猶豫地回答，一定能堅持下來。可是，在社會學家們看來，這不過是吹牛而已。社會學的研究表明，人類最突出的特徵之一就是，人是群體的生物。

　　《荀子·王制篇》中說：「人，力不若牛，走不若馬，而牛馬爲用，何也？曰：人能群，彼不能群。人何以能群？曰分。分何以能行？曰義。故義以分則和，和則一，一則多力，多力則強，強則勝物……故人生不能無群，群而無分則爭，爭則亂，亂則離，離則弱，弱則不能勝物。」

　　意思是說，人的力量不如牛，奔跑的能力不如馬，但卻可以將牛馬爲之所用，爲什麼呢？原因是人有能力組織起來，而牛馬自己卻不能組織起來。那麼，人爲什麼能夠組織起來呢？是因爲每個人都有名分。爲什麼有了名分就能組織起來呢？這是因爲除了名分以外，還有規則，在名分的基礎上再運用規則，就可以使眾多的人組織起來，組織起來就能凝聚力量，凝聚了力量就會使力量增大，力量增大了就會強大，強大起來的人類才能約束其他……所以，活著的人不能沒有群體，如果只有群體而沒有名分，就會產生紛爭，只要有紛爭就會混亂，有了混亂就會分崩離析，不能凝聚，沒有凝集就沒有力量，沒有強力就不能約束其他。

　　那麼，社會學到底怎樣觀察和解釋人類的群集性呢？譬如人類有什麼樣的群體？怎樣形成群體？群體如何運作？組織與群體有什麼樣的關係？這一講，我們將專注這些基本問題。

7.1　人類的群集性

　　從第三講的討論中，我們就已經知道，人一生下來就接受他人的撫慰，就要與他人接觸，就要與他人交往。實驗觀察表明，嬰兒出生後有許多明顯的社會交往跡象。例如，二個月的嬰兒可以被同伴的出現所喚醒，並且與同伴對視。在六個月到九個月之間，嬰兒可以直接用言語和微笑注視對方，而對方也常常模仿這種方式將資訊返回。嬰兒表現出的這些特點，說明他們對社會性交往是感興趣的。九個月以後，嬰兒之間彼此注視的時間越來越長。他們的微笑、手指動作和話語常常會得到其遊戲夥伴的反應和模仿。最初的這種模仿代表了同伴間對「意義」的分享，為以後合作性的同伴活動奠定了基礎。

　　而且既有的證據表明，有沒有接觸，有什麼樣的接觸都會有不同的後果。沒有與人接觸的安娜和伊莎貝爾變成了不能直立、不能說話、不能飲食、沒有情感的有機體（參見第三章第一節）；與狼接觸的幼童變成了狼孩。在人的正常生長發育中，嬰兒期就要與父母接觸，再長大一些，就要有自己的玩伴。隨著年齡的增長，我們會有自己的朋友、同學和同事。可以說，只要我們醒著的時候，大都與他人在一起，學習、工作、生活、遊樂，生活在各種類型和規模的群體之中。只有在極少數特殊情形下，我們需要短暫的獨處、思考、休息。這就

是人類群集性的具體表現。

經驗事實還表明，與世隔絕的人常常會感到迷惘、自閉，甚至會出現精神崩潰。舉例來說，嬰幼兒期即使與人接觸，但如果沒有正常的社會交往，也會形成「不合群」的性格，甚至會演變為疾病，如自閉症。

自閉的兒童首先在交往上就有障礙，譬如不依戀父母，當父母伸手抱他時，沒有正常迎接的姿勢，也不纏繞大人，即使受傷也不找父母尋求安慰。對待父母如同陌生人，與陌生人在一起，也不感到畏懼。

由於交往的障礙，語言發育也出現障礙，譬如，對語言的理解低下，不能用面部表情、軀體動作、姿勢及音調與他人交往，常出現一些異常語言，如語音不清、語調高亢、刻板重複、模仿和代名詞錯用。例如把自己稱為他，有的反覆提問或要求答覆已知道的事情，有的自言自語。

沒有正常交往的另一個後果就是根本沒有行為規則。一方面我行我素，為所欲為，「視而不見，聽而不聞」，根本不理會他人的召喚及斥責；另一方面，對事物的變化具有強烈的抵觸，譬如會因家具的移動及起居飲食方式的改變發脾氣，甚至驚恐；有的連吃飯，坐的位置，碗筷放在什麼地方，都不能改變；甚至對熟人站立姿勢和服裝的變化也有抵觸情緒。

這就是為什麼在大多數傳統的監獄中，最嚴厲的懲罰就是關禁閉；在大多數軍隊中，最嚴厲的懲罰也是關緊閉；就連《日內瓦公約》也承認，三十天以上的單獨監禁是一種殘忍的折磨。

正因為人類把群集看做是必須的，所以把強制性隔離看做是懲罰，並把自願性的隔離看做是不正常的人類生活。舉例來

說，在人們的日常生活中，如果某人常常是自己一個人，不加入群體的活動，無論是兒童的遊戲，中小學生的團體活動，大學的朋友交往或者集體活動，工作中的朋友聚會，甚至親戚之間的交往，我們就會用「離群索居」、「行為怪異」等來指稱和形容，並明確地認為，那是社會不贊同的行為。英國十六至十七世紀的詩人多恩（John Donne）曾經寫說「人非孤島」，說的就是人類社會的群集性。沒有人可以作為孤島而正常地生活。人不僅不能一個人與世隔絕地生活，就是離開了自己熟悉的生活群體，都會覺得特別難受。一九九八年馮小剛有一部電影叫《甲方乙方》。電影中有一個角色叫劉萬成，是一位山珍海味吃膩了的老闆，特別想吃苦。為此與「好夢一日遊」公司簽訂了一份合同，全權委託公司為其實現「吃苦受罪之夢想」。當公司代表確認合同，念到違約部分的時候，劉萬成說：「甭念了，如果我不能吃苦，這大奔，這高爾夫球場都是你們的。」按照合同，公司將其送到了一個北方農村，剛到的時候劉萬成還說：「我要吃得比他們（當地農民）還差，我不就是來受苦的嗎？」可是等公司到了約定的時間來接他的時候，卻發現他早就在村口的土窯子上等著，一見到接他的人，就痛哭流涕。還沒有等車停穩，就竄到了車上，說：「我再也不下這車了。」當公司的人瞭解到劉先生將村子裏所有的雞都吃了的時候，想請他下車和村民們道個別，他卻說：「你們甭想把我給撂下。」當公司代表說：「你不是要實現吃苦受罪之夢想嗎？現在實現了，總要對村民有個交代吧！」劉萬成卻說：「還吃苦哩，我都想一輩子和龍蝦睡一塊！」

　　無獨有偶，影片中還有一位角色是叫唐麗君的電影明星，她不是膩味了山珍海味，而是厭倦了人潮如湧，厭倦了明星生

活，希望過普通人的生活。在「好夢一日遊」公司宣布唐麗君將中止一切演出活動和社交活動以後，她真的過上了普通人的生活。可不久，她就不能忍耐了，讓經紀人到處打電話，希望參加那些她從前根本就瞧不起的活動，甚至不要報酬也行。

儘管這兩段故事有些誇張，但人就是這樣，在自己的生活中，最離不開的不是工作、金錢、美色，是自己已經熟悉的東西，其中最重要、最特別的就是自己的群體。

對於人類的這種群集性，社會學家有一個簡單的解釋，那就是，在人類生活中，社會成員都有兩種基本的需要，一種被稱之為工具性需要，另一種被稱之為表達性需要。

事實上，從人的社會化過程中我們已經瞭解到，人是在其他人的幫助下生存的。依靠群體幫助以達到某種具體目標的需要就是所謂的工具性需要。在我們的生活中，沒有人不具有工具性需要，兒童需要人幫助才能夠飲食、直立、行走，學生需要老師的幫助以學習知識，成年人需要人幫助做出某種決定，老年人需要人幫助以走完生命的最後旅程。這就是中國的一句俗語：「一個籬笆三根椿，一個好漢三人幫。」

有時候，人們並不需要物質的幫助，但卻需要情感上的支持，讓自己的情感表達出來。人們可以想一想，為什麼需要朋友？難道僅僅是出於工具性的考慮？為什麼煩的時候想找朋友，而且不同的難題傾向於找不同的朋友？為什麼不去和一堆陌生人一起聊？這就是表達性需要。找了朋友，獲得了情感上的支持與幫助，需要也就滿足了，而且不同的朋友能夠滿足不同的表達性需要。

當然，對兩種需要的滿足不僅僅局限於朋友、家人，正式的組織在需要的滿足方面常常也扮演著非常重要的角色。舉一

個例子，群體性的競技活動，群體性的遊樂活動，都是正式組織的活動，不僅能夠滿足人們工具性的需求，如贏得比賽、娛樂身心，而且能夠滿足人們的表達性需求，如情感宣洩和表達。

需要提醒的是，在社會學的研究中，很多情況下使用分類是爲了理解的方便。韋伯的理想類型就是最典型的例子，這裏也不例外。進行工具性和表達性區分並不意味著兩者是截然分開的。事實上，兩者之間有時候很難區分。舉例來說，朋友之間的幫助就常常是兩種需求的同時滿足，同事之間的幫助有時候也不僅僅是工具性的滿足。那麼同事和朋友到底有什麼區別呢？要回答這個問題，我們必須從什麼是人類社會的群體開始。

7.2　哥們與君子

上面我們僅僅是用一些可以觀察到的具體事例說明了作爲人的根本屬性：群集性，並沒有解釋什麼是群體以及有一些什麼樣的群體，這一節將試圖回答這樣的問題。

根據默頓（Robert Merton）的說法，群體是由自認爲屬於這個群體的人所組成的，彼此期望其餘成員應有某些行爲，而對外人無此期望的一群人。當然，除此以外，我們可以找到無數關於群體的定義，譬如，有人（Ian Robertson）說，群體是由在對彼此行爲有著共同期待的基礎上有組織地在一起互動的人組成的集團；也有人（費孝通）說，群體固然是由個體組織成的，沒有個體也就沒有群體，但是形成了群體的個體已經超出

了自然演化中的生物界，而進入了社會，因此個體不僅是生物人，也是社會人，社會則是經過人加工的群體。

不過，還是讓我們從身邊的具體社會現象入手比較容易。相信不少人都有路過學校的經歷，尤其是小學。在下課的時候，或放學的時候，我們看到了什麼呢？

孩子們三五成群地在一起嬉戲、打鬧、追逐、玩耍、遊戲、聊天、表演、討論問題，這就是「群體」。俗話說：「三人成群。」群體的第一個要素就是人的聚集。說到人群的聚集，就想到在菜市場買菜。賣菜也有人聚集，而且有大量的人聚集；在任何一個大都市的大街上，在正常的活動時間內，從來都是熙熙攘攘、川流不息的人流，有著更大量人群的聚集，這些也是群體嗎？社會學家們的回答是：「否。」

那麼，嬉鬧的同學與大街上的人群有什麼區別呢？還是讓我們先看嬉鬧的同學有什麼特點。第一，群體成員具有認同感。聚在一起的同學都有某些相似的社會特徵，如居住相鄰；父母相識；父母職業相同，地位相近；有共同的興趣愛好；在班上有相近的角色地位；聚在一起就有一種認同感，「我們是一波的。」

第二，群體成員具有歸屬感。同學之間都有某種行為期待，在遇到外界衝擊的時候，每個人都期望其他成員能盡其所能共同抵制衝擊；在群體內部發生事情的時候，每個人對其他人的行為具有期待，譬如有人摔跤了，身強力壯的同學總是第一個被期待前往救援的人，他自己也知道這一點。

第三，群體中一定有核心人物。這不是選舉出來的，而是在群體成員的互動中自然形成的。某個成員憑藉某種特別的、群體認可的優勢占據了這個位置，並對群體的其他成員具有重

要影響力。

第四，群體本身具有一定的穩定性。尤其是在十歲以後，群體的成員構成具有相對的穩定性，不會隨時變化，而且群體內部的凝聚力也會不斷增強，並形成一定的行為模式以區別於其他的群體，如下課的時候，群體成員往往湊在一起嬉笑打鬧，甚至上廁所都共同行動。

再讓我們看看大街上的人流。儘管也是一群人擠在一起，但是這些人相互之間根本就不認識，更不要說有認同感、歸屬感之類。那麼這些人算什麼呢？社會學家將其稱之為「集合體」。這些人在馬路上碰到一起了，不是因為他們事先約好了才走到一起的，而僅僅是因為他們對那裏有興趣而碰巧遇到一起的。與此相似，另一個容易與群體混淆的概念是「類群」，譬如，河南人、三十歲的人、男人，這些人之所以被歸到一起，僅僅是因為他們有某個相同的特徵，而不是因為他們有認同感或者歸屬感。

清楚了這些，我們就不必要對群體的不同定義感到不安了，因為在所有的定義中，我們都可以找到共同的一點，那就是群體成員之間存在互動，存在內部結構，每個群體都有自己的界限、互動規則、角色、地位，甚至自己的價值觀。

不過，對群體的如此定義並沒有讓我們有效地區分朋友和同事（這裏指僅僅限於工作關係的人際關係）。因為，兩類群體都滿足上述定義，都存在互動，都有內部結構，也都有角色分工和互動規則等等。那麼，兩者之間有區別嗎？是不是就可以互換？還是讓我們用具體的例子來試圖進行解釋。

我們都熟悉兩種稱謂，一個是「哥們」，一個是「君子」。舉例來說，你正在忙於一個專案，最近幾天一定要使用電腦來

完成專案。根據公司的規定，你可以找一個地方躲起來，不用去辦公室。可不去辦公室又沒有電腦，所以你想向公司借一台筆記型電腦。但公司的規則是，只有在有閒置的電腦可借的時候，職員才可以借用。

當你向公司借的時候，負責設備的人說：「對不起，現在沒有！」在你說明了具體情況以後，負責設備的人給你出了一個主意：「看誰手裏有，讓他先給你用幾天。」透過查詢借用者名單，你已經知道，至少有五位你認識的同事手裏都有公司的筆記型電腦。其中，你覺得可以向兩個人借。

第一個是甲，是你的老同事、老搭檔，曾經在多個專案中與你合作，但是他在另一個樓層，而且屬於不同的部門。第二個是乙，剛來不久，曾經在一個專案中與你有過交往，不過比較近，就在相鄰的辦公室，而且屬於同一個部門。權衡再三，你還是先找到了甲，因為你覺得與甲比較熟悉，他應該理解你，並給你幫這個忙。

於是你爬了幾層樓梯，門也沒敲，直接就進了甲的辦公室。甲很熱情，馬上給你讓座、倒茶。聊過一陣以後，你知道甲最近並不很忙，把電腦讓給你用幾天應該沒有問題。於是你單刀直入，問甲：「我正在趕一個專案，想到外邊躲幾天，你能把公司的筆記型電腦借給我用幾天嗎？」一聽這話，甲馬上面有難色，磨蹭了半天說：「實在不好意思，根據公司的規定，我應該先還，你再去借。再過兩天我就可以還了，到時候你自己去借，行嗎？」你能說不行嗎？出得門來，你沒好氣，罵了一句：「裝什麼正人君子，前一陣還見你小蜜用過！」

回到自己的樓層，心想，甲都這樣，乙就更不可能了。不過在猶豫之後，你還是走進了乙的辦公室。沒有寒暄，你直截

了當地給乙說明了來意。本來，你以爲乙也會和甲一樣，直截了當地拒絕你的要求，可乙卻把你帶到沙發上，說：「你等我兩分鐘，讓我把自己的資料和文件儲存好就給你。」臨送你出門，乙還說了一句：「注意休息，別太累著身體！」就在乙關上自己辦公室門的那一刹那，你高興得直想跳起來，抱著電腦親了一下，脫口而出：「眞夠哥們！」

當例子中的主人翁說「裝什麼正人君子」和「眞夠哥們」的時候，他已經在根據不同的群體交往規則將這兩個人歸入了兩種不同類型的群體。「哥們」是一類關係親密、可以「幫忙」的群體；而「君子」是一類關係鬆散、大多數只能公事公辦的群體。

事實上，無論是在日常生活中，還是在工作場所，我們都會遭遇與自己關係親疏有別、互動規則相異的兩類基本群體，這就是初級群體（又稱爲首屬群體）和次級群體（又稱爲次屬群體）。初級群體是一類規模較小、有多重目的的群體，譬如家庭。正如上一講所討論過的那樣，儘管家庭內部會發生各種衝突，甚至會鬧到離婚，但只要是同在一個屋檐下，家庭成員之間的關係，總是不同於與其他人之間的關係，通常人們說「血濃於水」就是這個意思。

因此，就像前面提到的同學團體活動一樣，初級群體最突出的特徵就是小規模群體成員之間面對面的、溶入了強烈情感的、多角色的、自由的互動和強烈的認同感。初級群體的基本條件是面對面的互動，只有面對面的互動才能形成其他群體所沒有的特徵，而面對面互動的條件則是小規模的。如果規模很大，就不可能保證每個成員之間面對面的互動。

在面對面互動的條件下，每個人都會把自己的全部情感甚

至人格帶進群體。舉例來說，家庭中的母親對每個家庭成員的情感都是眞實的、全部的，包括了她對家庭所有成員的眞實感受；每個人對她的付出也心懷感激，想盡辦法用自己的努力來回報她的付出，並因此形成了緊密的利益共同體。

由於群體規模較小，每個成員之間都有互動的機會，而且是完全情感和人格投入的互動，所以，相互之間的交往非常自然，沒有修飾、沒有裝扮和表演，每個成員展現的都是樸素的自我，並能夠從他人對自己的反應中看到自我。也正因爲如此，由此形成的關係具有很低的替代性，其他的社會關係很難替代在初級群體中形成的關係。舉一個例子，在人們的日常生活中，如果有人說：「嘿，她是我姐姐」或者「別說了，對他我還不瞭解，我們是一塊兒光屁股長大的」，這時，其他人就非常清楚了，這樣的關係是非同一般的，根本就是無法離間和轉移的緊密關係。

當庫利（Charles H. Cooley）在《社會組織》一書中提出「初級群體」概念的時候，他並不是從人類的群集性和人的所屬群體出發來討論這個問題的，他的興趣點在於家庭和嬉戲群體，因爲在他看來，這是人們獲得社會化的兩個基本社會群體，是這兩個群體培養了人的本性。但是很顯然，他提出了社會學家們不曾注意的問題，那就是人生來就是群體的人。於是在庫利之後，人們不僅用初級群體來指稱家庭和兒童嬉戲群體，也用來指稱與這兩個群體類似的人類社會群體，譬如兒童的「小集團」、運動隊等具有強烈認同感的群體，並將與初級群體特徵相異的群體稱之爲「次級群體」。

次級群體是爲達到特殊目標而特別設計的、成員之間很少感情聯繫的群體。與初級群體中的互動不同，次級群體成員之

間面對面的情感性互動非常有限，彼此之間以群體中的角色關係爲主，並只是包含了人格的某些有限方面。

　　次級群體是社會的主要組織方式，除了初級群體以外的所有群體都是次級群體，如各種正式組織、社區、學校、公司、政府中的工作群體。在次級群體中，人們都是公事公辦，以達到具體的實務目標爲宗旨，而不是情感表達和情感支持，而且成員之間也具有極大的替代性。

　　當然，在現實生活中，儘管初級群體更多地表現爲自然的賦予，譬如家庭，但這並不意味著初級群體與次級群體在時空上是截然分離的。事實上，初級群體中可以產生次級群體，次級群體中也可以產生初級群體。舉例來說，在浙江溫州有很多的家庭工廠，在家庭工廠的基礎上也形成了很多大規模的企業，這樣就形成了初級群體與次級群體交錯存在的格局。在家裏，家庭成員是互動密切的、情感爲上的初級群體；在公司，則是同事和公事公辦的次級群體；但在關鍵時候，又會表現出初級群體成員之間的關係，譬如替班或者對成員過失的容忍，儘管都是公司職員，但是對來自於同一個家庭的職員的容忍與幫助往往會遠遠高於其他成員。

　　同樣，即使原來毫不相干的人如果因爲工作關係走到了一個辦公室，而且發現彼此投緣，讓自己的情感、人格、個人偏好介入到與自己合得來的工作群體中去，這樣，就在次級群體中自然發展出了初級群體，正式組織中的非正式群體，大多就屬於這種類型。

7.3　群體是如何運作的？

　　到這裏爲止，我們討論的還是小群體，尤其是以小群體形式表現的初級群體，尚沒有涉及典型的次級群體，譬如正式組織。就次級群體而言，既可以是小群體，也可以是規模龐大的正式組織（後面我們再具體討論）。所謂小群體，是指規模而言，指構成群體人員的數量有限，群體成員之間可以建立面對面的互動關係。

　　除了初級群體與次級群體的劃分以外，社會學在小群體中又區分了內群體和外群體。一九〇六年，薩姆納（William G. Sumner）在研究中提出了內群體和外群體這兩個概念來區分群體成員對自己的群體和他人的群體的感受。所謂內群體，就是自己所屬的群體，自己人組成的群體；所謂外群體，就是自己所不屬於的、但他人屬於的群體。

　　在實際的觀察中，薩姆納發現，每個人總是認爲自己的群體具有外群體所不具有的優勢，總是對自己的群體具有某種特殊的感覺；與此同時，我們總是用懷疑甚至敵視的眼光看待外群體，並認爲外群體具有某種極端的劣勢或罪惡。這就是默頓（Robert Merton）所說的，在內外群體之間事實上存在著雙重標準，用道德的標準來衡量內群體，用罪惡的標準來衡量外群體。

　　但無論是什麼樣的群體，都具有某種界限，否則就沒有辦法區分群體成員和非群體成員。如俱樂部這種次級群體就只有會員才可以進入；即使是初級群體，如兒童的嬉戲群體，非群

體成員也很難加入群體的遊戲。

　　為此，有的群體透過特殊的標識來區分群體成員與非群體成員，以達到阻止非成員入內的目的。舉例來說，校徽就是一個典型的次級群體標識。曾經有一段時間，不少學校要求師生配戴校徽，否則不准進入學校，目的就是阻止非群體成員的進入。同理，制服亦如此。有的群體則透過特殊的語言或者符號來進行區分，舉例來說，兒童群體往往用特殊的俚語來區分彼此的群體，暗語也是在用語言來區分內群體和外群體，網路世界中的用戶名與口令也是區分內群體和外群體的工具。

　　問題是，為什麼要進行這樣的區分呢？一九五六年，謝里夫（Carolyn Sherif）進行了一項至今為止仍然被廣泛引用的實驗。實驗對象是年齡十一歲、來自穩定的中產階級家庭、信仰新教的男孩，實驗的目的是，群體如何形成以及衝突如何影響內群體和外群體的社會關係。當然在整個實驗過程中，實驗對象並不知道是在進行實驗。

　　在實驗之前，這些孩子之間並不相識。謝里夫組織了一個夏令營，讓孩子們參加，夏令營開始一段時間以後，孩子們就形成了不同的小群體。在觀察到小群體相對穩定以後，謝里夫將這些孩子隨機地分成了兩個大組，並讓他們分住在相隔較遠的不同住處。儘管原有的小群體解體了，但很快在兩個大組內部，又形成了新的小群體。為了觀察以前的小群體是否仍然起作用，謝里夫故意在兩個大組之間組織對抗性、競爭性活動，結果是不僅兩個群體之間的對抗和敵意越來越強烈，連以前曾經是一個小群體但現在分屬兩個大組的群體成員之間也出現了同樣對抗和敵意。最後，謝里夫中斷供水，要求兩個群體共同努力。有意思的是，兩個敵對的群體很快就忘記以前的對抗，

轉而進行合作。

從這個實驗中我們瞭解到,任何群體成員都有對自己群體的認同與忠誠,而且,認同與忠誠會因為組織的界限得到強化,尤其是存在衝突的時候。因此,邊界是群體構成的基本要素,邊界的存在使得群體成員的歸屬感得以強化,並有助於保持群體成員之間的團結和加強群體內部的凝聚力。

此外,從這個實驗中我們也可以看到,群體是在一定人群規模的基礎上運作的。在討論社會交往的時候,齊美爾(Georg Simmel)提出,人類最簡單的群體就是二人群體。由於在兩人之間是一種完全的依賴關係,任何一個人的缺席都會導致群體的解體。因此,每個成員必須要不斷地考慮到自己的行為給對方造成的影響,並由此形成了更加緊密的互動關係和情感捲入。

接下來就是三人群體。按照齊美爾的說法,與二人群體不同的是,由於每個人只能在一個時間與一個成員進行互動,這樣,就總會有一個人處於閒置狀態。處於閒置狀態的人此時只有三種選擇:一是打斷既有的互動、加入進去,使另一個人處於閒置狀態。二是試圖成為兩個之間的調解者。不過,調解者角色是最不穩定的角色,如果公平調解,調解者本身就會超出群體成員之間的平等性,而有試圖成為領袖之嫌。此時,另外的兩個人也會試圖獲得領袖地位,並因此構成群體內部的衝突,使群體面臨解體。如果不是這樣,調解者本人就會要麼偏向一邊,要麼因調解無效而被晾在一邊。總之,第三個人左右不是。這樣就有了第三種選擇,退出群體,使三人群體轉變為二人群體。因此,三人群體是最不穩定的群體。

群體成員越多,群體內部的關係就越複雜,群體中可能建

立的兩兩關係就以幾何級數增長。根據既有的研究，小群體最
適合的規模是五人群體，如果太小，由於互動的緊密性而容易
造成緊張；如果太大，則根本不可能在兩兩基礎上建立互動，
小群體的意義隨之喪失。但五人群體：(1)可以構成犄角平衡；
(2)或者分裂為二三群體，不會有任何遊離；(3)成員的角色轉換
非常方便。當然，根據不同的目標，群體規模的恰當數量也不
相同，譬如學習外語、從事球類運動和進行同伴教育的群體規
模就可以各不相同。

　　群體運作還需要規範，即荀子所說的「義」。任何群體都有
自己的行為規範，否則就無法構成群體成員之間的行為期待。
因為沒有規範的行為是無法預期的。在波士頓北郊的一個義大
利人社區，懷特（William F. Whyte）對那裏二、三十歲的年輕
人的群體行為進行了觀察。他發現，這些遊蕩在街頭的年輕人
並不是隨意地組合起來的集合體，而是有著嚴格規範的小群
體。波士頓的高坡區是波士頓精英們居住的地區，那裏的群體
有著嚴格的紳士般行為的規範。懷特的發現是，義大利社區街
頭年輕人群體不是一種無組織的社會群體，而是一個具有複雜
群體規則的小群體。群體的規範在嚴格的程度上並不亞於高坡
區經營群體的規範，包括嚴格的等級制度、組織規則、行為規
範和互助原則等等，儼然是一個「街角社會」。

　　在對群體行為的研究中，研究者們發現，儘管很少有完全
相同甚至相似的群體，但卻有相似甚至相同的群體行為規則，
如決策和遵從。以遵從為例，許多實驗都表明，在群體內部存
在著強大的遵從壓力。

　　一九五五年阿希（Solomon Asch）就做過一個經典的實
驗。這是一個所謂視覺辨別實驗，首先進行分組，七至九人為

一組，在每個小組中，阿希只安排了一個實驗對象（不知道是在做實驗），其他人均爲阿希的同夥（知道是在做實驗），在一連十八次的實驗中，阿希都在群體面前舉起兩張大卡片，第一張上面只有一條線段，而另一張卡片上則有三條長度不等的線段，其中有一條的長度與第一張上的線段完全相等。實驗的方式是，在所有人在場的情況下，要求每個群體成員大聲說出第二張卡片上的三條線中，哪條線段與第一張卡片上的線段在長度上完全相等。

在每次實驗中，阿希總是先讓同夥說出他們的判斷後，才讓實驗對象進行回答。在第一次實驗中，阿希的同夥進行了正確的判斷，第二次亦如此，在剩下的十六次中，阿希的同夥提供十二次錯誤的答案，實驗對象又是怎樣回答的呢？在最初的實驗中，阿希發現，有三分之一的實驗對象修改了自己的答案，順從了其他人的看法。而在對照組（完全由實驗對象組成）中，只有不到1％的錯誤率。在實驗後的訪談中，阿希又發現，只有極少數實驗對象認爲其他人的選擇是正確的，他們之所以選擇了其他人選擇的、在他看來也是錯誤的答案，只是因爲他不想成爲一個不合群的人，只是想和大家保持一致，是群體的強大壓力使他選擇了錯誤的答案。

因此，遵從在群體中往往表現爲群體壓力的結果。這種群體性壓力可以表現爲多種形式，如行爲的知曉性、規範、服從、群體意志和行爲的風險等，都可能構成強大的群體壓力，進而構成對所有群體成員行爲的約束力量。

與行爲規則相伴隨的是角色，也就是荀子所說的「分」，許多群體規範都是以角色期待的形式出現的。按照荀子的說法，之所以要有「分」是爲了避免群體內部的混亂。在很多情況

下，群體會自然而然地形成角色分工。舉一個例子，在飛機上如果有人突然生病，服務員馬上會廣播求醫，此時，醫生就會擔當起救治的主導角色，就可以吩咐周圍人擔當不同的角色，儘管在此之前沒有人知道他是醫生，他也不可能吩咐其他人去做什麼事情。當然，在像懷特的義大利年輕人群體中，角色分工就更是清楚、明顯，什麼人擔任領袖，什麼人擔任助手，什麼人擔任一般角色，都相當自然，就像是正式組織裏的職位結構。

在眾多對小群體的經驗研究中，社會學家們還發現，儘管群體可以有各種類型，但所有的群體都會有一些共同的角色，如領袖。

任何群體中都有一個領袖，儘管有些群體竭力製造平等環境，避免出現領袖，但也不能阻止領袖的出現。所有群體中的領袖總有一些特別的優勢，荀子說：「君者，善群也。」在小群體中，領袖雖然不一定有正式的權力，但卻能夠堅定地左右他人的行為。

7.4　組織與組織理論

對於每一個生活在社會中的人而言，群體是重要的，因為我們不能沒有情感生活；不過只有情感，我們也不能生活。人總要衣食住行，而這些既不能從情感中產生，也不能簡單地依靠群體，所以，同樣重要的是人類社會的組織。

在現代生活中，人們的舉手投足都會涉及組織。讓我們舉一個城市生活的例子，一個人早晨起床首先要看是幾點了，時

間有專門的組織在發布；接下來要洗臉刷牙，所用的器械都有專門的組織生產，自來水有專門的組織供應；再接下來要吃早餐，無論牛奶還是麵包，任何食品與飲料都有專門的組織生產；再接下來，無論上班、學習，還是休閒、娛樂，都離不開組織。再舉例來說，你總要穿衣，衣服不是你自己做的吧，即使是你自己做的，甚至布也是你織的，難道棉花或者化纖原料也是你生產的？在這裏就又捲入了組織；你總要出門，出門就要走路，可城市裏的路就是專門的組織在設計、施工和維護。

不過，如果我們不是生活在城市，而是偏遠的農村，譬如一個還沒有電燈的地方，儘管我們也要依賴組織，但是對組織的依賴程度就會大大減輕。沒有自來水，沒有電，沒有水泥馬路，可以不上學，也可以不上班，可以自己種棉花、紡紗織布，可以自己種糧食……總之，可以沒有現代城市生活的許多東西。

這就說，組織對社會生活的影響並不是從來都如此，而是在社會經濟的演化中不斷變化的。從農業社會到工業社會，人類生活的最大變化之一就是組織對社會生活領域各個角落的滲透。儘管這樣的滲透為我們帶來了方便，譬如住在二十一層樓的人可以乘電梯而不用自己爬樓梯，進門以後不用點燈，打開電燈開關就可以有照明；但同時這樣的滲透也使我們越來越多地失去了對生活的控制，譬如如果電力公司不供電，我們就無法乘電梯，也沒有照明。換句話說，組織滲透的另一個重要影響表現為把許多曾經是我們自己控制的東西拿走了，交給了那些我們無法施加影響力的組織、專家、官員，使得個人對自己生活的控制能力和範圍越來越小。

和群體一樣，人們對組織也有多種定義，根據史格特（W.

Richard Scott）的說法，不同研究取向的人會給出不同的定義。但也有一點是共同的，那就是人們總是傾向於認為組織是為達成某種目標而組成的社會群體。在這個群體中，可以因規模、技術、目標、資源配置方式而有各種不同，但是任何組織都要實現一定的目標，並有實現目標的手段；同時任何組織在運用手段實現目標的過程中，都不會是我行我素、天馬行空，都會受到更大環境的約束。那麼，社會學對這樣的次級群體到底有什麼樣的研究呢？

　　人類關於組織的研究雖然可以追溯到千年以前，但是最早系統論述現代組織機制的則是韋伯（Max Weber）對科層制的探討。在《經濟與社會》和《社會組織與經濟組織理論》中，韋伯比較系統地闡述了人們稱之為理想科層制的組織理論。與封建社會比較，韋伯認為工業化的首要特點是走向「理性」的社會和經濟過程，如果說早期的社會權威主要來自個人魅力和傳統的社會結構力量，那麼「理性化」就使得權威的產生走向非人格化和脫離傳統。

　　為此，他設計了一種理想類型的科層制組織模式，並將這一模式的特點歸納如下：科層制結構；因職設位，服從效率和管理原則，職位不屬於私人所有；分工明確，橫向按職能分工，力求職責、權限和任務清晰，使其做到各負其責、各司其職、互相配合；規則嚴密，組織管理和權力分配均建立在一整套為所有組織成員共同認可和嚴格履行的正式規則基礎之上，所有成員的活動都無一例外地受到這套規則的制約並排除任何情感因素；行政權和立法權分離，權力分等、分層，為一個金字塔的等級結構，縱向按職位層層授權；每一層級的管理人員必須具有特殊的才能和經過特殊的訓練；人員的選拔透過公開

競爭進行。

　　不過，人類社會從來就沒有出現過這種理想的科層制度。我們可以回想一下自己生活中所遇到的各種組織，其中最典型的科層制就是政府機關。讓人疑惑的是，政府機關難道都是這樣辦事情和配置資源的嗎？如果真是這樣，我們就不僅有非凡的效率，而且不會有腐敗產生。問題是，實際情況往往相去甚遠，在與政府的交往中，如果我們採用公事公辦的方式，往往不能獲得效率；如果找門路、套關係，就能夠很順利地把事情辦了，為什麼？

　　二十世紀三〇年代，社會學家們發現了正式組織下的非正式群體。在對西部電器工廠的研究中，馬約（Elton Mayo）等人發現，在正式組織中，並非只有正式的規則在發生作用，非正式的群體和規則同樣在發生作用。舉例而言，在工廠的生產線，如果是按產量來計算報酬的話，人們自發形成的群體就會形成這樣的規則：每個人完成的生產量既不可過高，也不可過低，否則高者會被認為是破壞了大家的正常收入，低者會被認為是侵蝕了大家的勞動。儘管這樣的規則與正式組織的規則是相違背的，但卻是實際存在，並且是發生作用的規則。

　　同樣，在二十世紀六〇年代對政府機關的研究中，布勞（Peter Blau）也發現了類似的例子。在一個稅務稽查機構，根據組織的規則，在遇到不能處理的問題時，辦事人員應該向上級彙報而不可以和同事討論。但是大多數辦事人員卻並不這麼做。在遇到難題時，他們不是直接向上司反應，而是同事之間彼此商量，這樣做雖然違反了規則，但是卻既可以獲得具體的建議，也可以減少單獨工作時的焦慮，還可以避免因工作問題與上司接觸而讓上司感覺到自己缺乏工作能力，進而減少晉升

機會。如此違反規則帶來的另一個影響就是，同事之間的相互幫助，有助於在同一個層級上發展友誼和忠誠。因此，布勞認為，科層制度內部的非正式結構不僅使得問題獲得了有效的處理，並因此使得組織在僵硬的規則之外獲得了更大的主動性和靈活性。

當然，正式組織中的非正式關係並不只是限於具體辦事的層次，幾乎在所有的層次中我們都可以看到這種非正式的關係的存在和影響。同樣重要的是，不是所有的非正式關係的影響都是積極的和有助於組織目標實現的。在許多的情形下，這種非正式關係更是組織目標偏離和腐敗產生的組織機制。舉一個例子，為了市政建設的某個目標，決策群體或許會採用其他方法來繞過正常的決策程序，進而使得目標可以盡快實現；與此同時，決策團體也許會把小群體利益加入進去，使實現市政建設目標的過程變成了為決策群體甚至個人謀私利的過程。

正因為如此，不少學者進一步對科層制提出了質疑。一九六四年，克羅茲（Michel Crozier）對法國一個捲煙廠的經驗研究顯示，在捲煙工廠，機械總會發生故障，但是操作機械的工人並不會排除故障。根據規定，故障必須由機械修理工來診斷和排除，這樣，如何診斷和排除故障就成為機械修理工的個人權力，因此他可以決定排除故障的優先秩序和時間。但工廠是計件工資，機械的故障會影響生產量進而直接影響工人的收入，誰都希望自己機械的故障能夠在最短的時間內排除，這樣，機械修理工在工廠裏就具有人們想像不到的權力，他透過控制機械維修，控制了工廠的生產。依據這樣的事實，他對科層制與效率之間的經典假設提出了質疑，並把科層制定義為「不能根據教訓修正其行為的組織」。

　　一方面人們在理論上抨擊科層制，另一方面也在尋找科層制以外的有效組織形式。日本的企業就是社會學家們關注的典型例子。二十世紀六〇年代以後，日本的崛起特別是汽車工業的發展使得社會學家們把注意力放到了日本企業的組織方式上。透過比較美國和日本的企業，他們發現日本企業的組織方式並不是科層制式的，而是日本式的。也就是說，在科層制之外，的確存在有效的組織模式。

　　二十世紀七〇年代後期和八〇年代初期，尾內（William G. Ouchi）和他的研究夥伴們在比較了美國和日本的企業以後提出，日本企業有著明顯的不同於科層制的特點。第一，在僱用方式上，日本公司採用的是長期僱用制。基於科層制的組織採用的往往是短期僱用制，企業不僅可以根據需要隨時從勞動力市場僱用人員，也可以隨時解聘人員。但在日本企業中，人們一旦受聘，基本上就是終生僱用。

　　第二，在決策方式上，日本企業並沒有遵循自上而下的原則，而是相反。日本的大型企業沒有科層制中的權力和決策金字塔，即每一層次只對自己的頂頭上司負責。相反，管理者的決策往往來自組織的底層。在決策的過程中，不僅管理者會徵求下級人員的意見，高級管理人員也要徵求底層工人的意見。

　　第三，日本公司並沒有遵循專業化的原則。在日本企業中，雇員的專業化水準比西方同行要低，但是透過日本式的僱用，一個從實習生開始的銀行職員在三十年以後也許有能力掌握銀行所有重要工作。而這一點西方企業是做不到的，科層制的要求是每個人只能專注於自己的那份工作（職業技能）。

　　第四，在科層制結構中，每個人的角色和義務是明顯的，組織內部的溝通也是透過正式文本方式進行的，一個人就是一

個工作單元。但在日本企業中,基本的工作單元是群體,企業針對的也是群體而非個體成員,譬如成績評估就不會針對個人,在企業組織結構圖中標識的也是群體而不是個人,顯然這是與科層制相悖的。

第五,在日本企業中,晉升並不僅僅依據個人在一項工作中的表現。由於終生僱用制、群體工作制和低專業化,在評估職員的時候,公司不可能根據一時一事的表現來妄下結論,而要考慮職員的資歷、對團體的效忠程度、對工作群體的長期貢獻。因此,日本企業強調長期地評估和慢慢地晉升。這樣的做法與科層制的理念也不相同。

據此,尾內指出,科層組織的局限性已經非常明顯,在實際的生活中,我們也觀察到了由於科層制的僵硬、苛刻和缺少參與性,常常會使得具體的操作與理想類型相差甚遠,導致所謂的「內部失敗」。

當然,社會學家們對組織的關注並不僅僅限於科層制。二十世紀六〇年代以後,組織理論的研究已經呈現了多元化的發展,僅僅從分析的單元來看,就包括了三個層面,第一個是超組織的層面,討論組織與環境的關係;第二個是組織的層面,探討組織的結構、技術、文化和權力等;第三個是個體的層面,探討個人的期待、滿足和行為等。由此產生了不同的學術流派,如權變理論、資源依附理論、種群生態學理論、新制度主義和文化學派等。

7.4.1　權變理論

前面我們已經提到過,就像人不是孤島一樣,任何組織也不是孤立存在的,都要與環境發生聯繫。對企業而言,環境可

以包括所有和企業發生社會經濟關係的組織，如供應商、銷售商、競爭對手、企業聯盟、與之相關的國際組織、與之相關的社會制度、文化和法律等。在這個意義上，組織面對的是一個紛繁的世界。

二十世紀六〇年代伯恩斯（Tom R. Burns）和史多克（George M. Stalker）曾經對英國二十個不同類型的企業進行過研究，包括傳統的紡織廠、工程公司和剛剛起步但市場變化極快的電子企業。在這些企業中發現了兩種在管理上差異很大的類型，他們稱之爲「機械型」和「有機型」。而且不同的產業和不同的管理類型也有關係。進而他們把這種關係歸結爲不同的環境類型。譬如，在穩定的環境下，企業管理專注於程式化的活動，技術方法、任務和權力都與職位相對應。互動的方式是垂直的，就像機器一樣，並因此產生高效率。在快速變動的環境中，當問題和要求出現的時候，沒有時間像傳統的組織那樣將問題和要求提交給專家，然後再從專家那裏得到答案。當事人必須盡自己所能，運用自己的訓練和知識在組織利益的框架內解決問題。所以，在這樣的組織中，職位的職責和傳統組織比較，已經變得模糊和更加富有彈性。組織的效率不再依靠專門化的分工，而是依靠針對具體情形的快速決斷，即權衡和變通。

在開放系統的基本假定下，二十世紀六〇年代後期，勞倫斯（Paul Lawrence）和洛其（Jay Lorsch）在討論組織和環境關係的時候提出，不同的環境對組織有不同的要求，特別是那些市場不確定和技術變化極快的環境。因此，組織的成功就意味著要滿足環境變化著的要求。

一九七二年，卡斯特（Fremont E. Kast）和羅森茨韋格

（James E. Rosenzweig）系統地討論了組織與環境不確定性的關係，他們發現許多管理者在操作中並不是機械地按照組織的規則辦事，而是根據具體的情況在做決定。由此認爲組織的效率並不完全是結構和功能的函數，而是系統中因素之間權變關係的結果，而且任何決策都需要「具體問題具體分析」。也是在這個意義上，他們提供了從系統論出發的權變理論，認爲環境和組織內部的各個子系統都有自己的特點，不同類型的組織均有相應的組織與環境、組織內子系統之間的關係模式。因此，組織就是在組織與環境之間、組織內的各子系統之間尋求最大的一致，尋求效能的提高、效率和參與者的滿足感。

在這樣的基礎上，加爾布雷斯（Jay Galbraith）於一九七三一九七三年提出的「資訊加工模型」被認爲是宣布了權變理論的誕生。在《設計複雜組織》一書中，他提出複雜組織的複雜性、不確定性和互倚性，要求組織重視資訊的加工，以便獲得「協調」。對溝通的要求決定了組織的結構，而不確定性又是溝通的最大障礙，因爲複雜組織的功能性互倚使得一個部分的問題會影響到其他部分。其中的三個命題被認爲是權變理論的經典命題：不存在所謂「最好的」組織形式；任何組織方式都不具有同樣的有效性；最好的組織方式總是依據組織和環境的關係來確定的。第一個命題是針對管理理論的；第二個命題是針對經濟學的；第三個命題是權變理論的基本命題。

權變理論的基本假設是，如果組織內在的特徵能夠最好地滿足環境的要求，組織就具有最好的適應性。問題是，什麼是內在特徵？什麼是環境的要求？怎樣算是最好？對這些問題的回答構成了權變理論的一系列成果。

後來，加爾布雷斯在專文中再次強調了關於資訊加工的觀

點，提出環境的不確定性是滿足環境要求的關鍵，「某項任務的環境越不確定，爲更好完成任務所需要加工的訊息量就越大」。這樣，「不確定性」就成爲組織研究的專門論題和權變理論的核心概念。

對「不確定性」的權變處理，後來被廣泛運用於組織戰略、組織決策和組織設計等涉及不確定性的研究中，特別是關於組織技術問題，並產生了結構權變學派、戰略權變學派和目標權變學派等，幾乎成爲二十世紀七〇年代的組織研究中的壟斷學派。

7.4.2　種群生態理論

種群生態學原本是生物學的一個分支，來源於達爾文的生物進化論，強調自然對生物物種的選擇和決定性影響，基本的理念是：物競天擇，適者生存。在社會科學中運用達爾文理論的歷史並不算短，並形成了「社會達爾文主義」。而把這個原理運用到組織研究中，則是二十世紀七〇年代後期的漢南（Michael T. Hannaa）和弗里曼（John Freeman），他們受豪雷（Amos Hawley）和坎佩爾（Donald Campell）的影響，創立了組織研究中的種群生態學理論。

借用生物學種群生態學的方法，組織研究的種群生態學強調從作爲群體的組織層面探討問題，而不是把組織個體當做分析單位，這是和其他組織理論區別最明顯的方面。運用這種方法，種群生態學試圖解釋爲什麼一些類型的（或形態的）組織生存了，而另一些則消亡了；組織又有著怎樣的生命周期。其基本的假設是分享相同資源的組織之間會因爲爭奪資源而相互競爭，並直接影響到組織的生存與發展。

　　同樣借用生物學的觀點，種群生態學關於組織的基本命題是，組織類型（或形態）對環境的適應性決定了組織的存亡。在分析中，種群生態學強調三個過程：變異、選擇和存留。變異指組織的創新；選擇指環境選擇適宜的組織；存留指組織的生存。這也是自然選擇的三個階段。在這裏，環境的選擇是最重要的，因爲透過了選擇，就獲得了生存的基本要素。但對於什麼是生存選擇的主要指標卻有不同的觀點。漢南和弗里曼認爲是組織的死亡率，卡洛爾認爲也應該包括出生率，即應該計算淨死亡率。

　　到二十世紀八○年代後期，漢南和弗里曼發展了他們的研究，把目標轉向探討組織類型和環境依附之間的關係，並進一步闡述組織的種群不是隨便的一群組織，而是指具有相似或相同特徵的組織群體，而相同或相似的基本判斷在於組織對外在的物質和環境的依附模式。

　　此外，這一研究的主題還擴展到了與生物種群生態學相對應的另一些方面，譬如組織生命周期、組織生命周期的發展階段、生命周期階段模型，以及技術發展和組織環境的關係等。從組織研究的發展進程來看，種群生態學理論的出現在理論上可以被看做是對組織中心主義（即強調決策分析）的回應，對組織作爲一個群體的強調凸顯了一些過去被組織理論家們忽略的問題。譬如，對組織的變遷而言，我們通常看到的是變遷的結果，一些組織代替另一些組織，而不是組織本身的適應與變遷。種群生態學所努力的方向就是探討組織的適應與變遷的過程，所以研究者們強調競爭的類型、方式，競爭戰略的差異，針對環境的選擇性等。需要說明的是，種群生態學理論直到現在仍然是一個正在發展的領域。

7.4.3 資源依附理論

　　如果說種群依附理論是從環境的角度出發，強調環境的「選擇」和組織的被動性的話，那麼資源依附理論則是從組織出發，強調組織對環境的「適應」和組織的主動性。雖然對組織與資源的關係的研究早在二十世紀六〇年代就已經開始，但是使其成為一個引人注目的學派的是菲弗爾（Jeffery Pfeffer）和薩蘭奇克（Gerald R. Salancik）在二十世紀七〇年代後期的研究。

　　資源依附理論的基本假設是，沒有組織是自給自足的，所有組織都在與環境進行交換，並由此獲得生存。在和環境的交換中，環境給組織提供關鍵的資源（稀缺資源），沒有這樣的資源，組織就不能運作。這樣，對資源的需求構成了組織對外部的依賴。資源稀缺性和重要性決定了組織對環境的依附程度，進而使得權力成為顯象，如經濟依附常常造成政治問題，並只能透過政治途徑獲得解決。

　　資源依附理論分析的起點是，確定組織的需要和可以滿足需要的來源。方法是首先確定資源的關鍵性，特別是針對組織的稀缺性；接著尋求關鍵性資源的途徑，譬如建立多渠道的資源依附途徑，包括資源的水平集成和垂直集成，舉例而言，對人才的需求可以透過僱用人才來解決。

　　資源依附理論的另一個思考就是組織對環境的操縱。在組織與環境的主動關係中，組織透過參與（特別是管理者的參與），考察環境，進而發現機會和威脅，並由此趨利避害。譬如所有組織都依賴於供應商、消費者，但是選擇什麼樣的交換模式和交換條件，組織可以做出選擇和決定。對資源依附的管理就是要對環境進行仔細的定義和監視。

資源依附理論認爲組織有能力與環境交換，並有能力對環境做出反應，如管理人員對環境和組織的管理，特別是對環境的管理。資源依附理論的一個重要貢獻就在於讓人們看到了組織採用各種戰略來改變自己、選擇環境和適應環境。

7.4.4　新制度主義理論

無論是權變理論，還是種群生態理論和資源依附理論，在討論組織與環境關係的時候，所涉及的僅僅是組織與技術環境的關係，在這樣的關係中，組織是理性的，是在尋求與技術環境的互動來追求最大的效率。不過人們同時也觀察到，在組織尋求效率的時候，同時也存在大量的無效率現象，有些組織建立一些顯然是沒有效率的機構，甚至有些組織本身就與效率無關，如政府機構、學校，但是這些組織照樣生存和擴大，而且人們還觀察到一個現象，那就是組織在結構上具有趨同性。舉一個例子，如果一個機構建立了某種機構並獲得讚賞，其他組織也會跟著效仿，而不管其是否有效率。爲什麼呢？這就是新制度主義試圖回答的問題。

在二十世紀七〇年代中期以後的社會科學中，大概沒有哪一種理論像新制度主義那樣獲得如此廣泛的關注，得到如此廣泛的應用；同時，也沒有哪一種理論像新制度主義那樣在社會科學理論領域造成如此嚴重的混亂。根據鮑威爾（Walter W. Powell）和迪馬鳩（Paul J. Dimaggio）的說法，新制度主義和老制度主義的分界線是一九七七年。那年梅約爾（John W. Meyer）和儒文（Brian Rowan）發表了兩篇文章：〈作爲制度的教育的效力〉和〈制度化的組織：作爲神話和儀式的正式結構〉，提出了新制度主義的一些核心思想，他們所針對的是源於塞爾茲尼

克（Phillip Selznick）的老制度主義。

塞爾茲尼克是默頓在哥倫比亞大學的學生。通常的邏輯，他應該繼承帕森斯和墨頓的傳統，成為結構功能主義的傳人，但是，他卻繼承了早期組織研究中巴納德（Chester I. Barnard）和西蒙（Herbert A. Simon）的思想，並運用帕森斯的「系統」觀點，發展了後來被稱為「制度主義」的自然系統模型。對塞爾茲尼克而言，他認同理性主義的基本立場，即組織是達成目標的理性化工具，但是他認為，理性並不是組織的最重要特徵（譬如在與組織行為非理性方面的鬥爭中，理性的正式組織從來都沒有成功過），最重要的是每個組織都有自己的生命。在正式結構中，非理性是不可杜絕的，因為非理性來自個人，他們參與組織活動，但不僅僅是為了組織的目的；也來源於組織結構，既包括正式的層面，也包括複雜的把參與聯繫起來的非正式系統。個人把自己的個性帶到了組織中，並滲透到職責中（構成組織中的非正式系統）。所以對組織而言，有價值的是組織的過程，組織努力與環境討價還價，以實現現在的目標，並儘量限制環境對未來的約束。

在這個意義上，組織就是有機體，這個有機體的特點由參與者的個性、職責以及外在環境的影響所形塑，在承認組織是一個自我維護、持續的系統之外，塞爾茲尼克還希望發現一些特別的東西，包括在與環境的關係中組織的安全性、在非正式關係中組織的穩定性、組織角色的外在統一性等。這些都是組織的「需要」，因為是這些「需要」指明了組織行為（包括外向性行為）的內在聯繫。

在這樣的基礎上，塞爾茲尼克開始關注那些不那麼容易得到滿足的「需要」。這樣關注點就離開了正式結構和過程，而指

向那些非規則的結構和需要，包括非正式結構、意識形態和「吸收」。這是因為在他看來，研究組織的日常決策並不能告訴我們組織獲得特性的過程，而只有研究那些關鍵性的決策──那些引起組織結構變化的決策，考察決策對組織結構特徵的影響，才能理解組織的個性。而組織獲得個性的過程就是「制度化」。對組織而言，制度約定是在組織面對外在約束、環境壓力、內在人事變動、興趣和非正式關係變遷中歷時發展的。儘管組織的制度化會因為組織的不同而有差異，但是有一點，那就是任何組織都面臨制度化問題，因為沒有組織能夠完全對付得了內外的壓力。

梅約爾和儒文在一九七七年的文章代表了舊制度主義的結束和新制度主義的開始。梅約爾和儒文指出，現代社會（指七○年代末期）包含著許多制度化的規則與模式，如專業組織、國家，這些社會現實為創造正式組織提供了框架。根據他們的說法，在現代社會中，這些制度幾乎就是「理性化的神話」，因為他們是一些被廣泛使用的信念，這些信念又不可能被客觀地檢驗。在人們看來，它們為「真」，因為它們是「信念」，是理性化的。正因為如此，這些信念提供了為達到目標所必須的特定程序，其中法律就是最好的例子。在社會中，法律最大限度地提供了人們解決問題的途徑。

在比較新舊制度主義的時候，鮑威爾和迪馬鳩認為，新舊制度主義者對理性模型都持懷疑態度；且都認為制度化是一個有條件的過程，在這個過程中，機會的限制使組織的工具理論性受到約束；兩者都重視組織與環境的關係；兩者都要揭示與組織正式結構不協調的方面；兩者都強調文化對組織的影響。與舊制度主義不同的是，新制度主義不太重視組織內部和組織

之間的利益衝突，重視的是組織如何透過改善行政結構來對付衝突；重視組織的穩定性和合法性的關係，以及「共識」的權力性；關注組織結構中的非理性部分（如某個部門和操作程序如何成為組織之間的影響因子）、趨同性、文化追求等；強調制度是一個開放系統，接受環境的影響，許多有影響的壓力不僅僅是來自效率的考慮，也來自社會公平和文化的壓力等等。

同時，新制度主義強調，在所有影響組織趨同的因素中，第一個因素就是強制力量，如政府的法律和法規；第二個就是模仿的力量，尤其是在組織面臨不確定性的時候，組織的首要策略就是模仿其他組織應對類似不確定性的處理；第三個因素是規範，如行業規範。

當然，在這裏我們只是簡要介紹幾種主要的組織研究流派，還有其他的如文化學派、後現代主義等，在二十世紀的九〇年代都有較大的發展。

7.5 資訊技術發展與組織演變

進入二十世紀七〇年代以後，正式組織發展的一個突出現象就是大公司的發展。如今，我們誰都知道像豐田、Sony、三菱、微軟、英代爾、大眾這樣的大公司，但卻不一定知道世界上最大的經濟實體（譬如一百家或者五百家）基本上都是大型的跨國公司。據聯合國一九九六年的研究報告，目前跨國公司占全球產出的三分之一，全球外國直接投資的二分之一，全球貿易的三分之二。跨國公司的年銷售額已超過世界貿易總額而達到四萬八千億美元。在航太航空、電腦、汽車、機床、通

訊、醫藥、化工等領域，跨國公司更是占據了絕對的優勢，進而成為了直接影響人類社會生活的重要因素。

在看到跨國公司影響力日益增強的同時，我們也看到，組織的擴張並不是舊有結構上的人員增加。二十世紀八〇年代開始，各種類型的組織尤其是企業組織也在經歷一場深刻的變革。福特式的生產模式已經成為歷史，代之而來的是彈性生產、小型組織、分散機構。正如瑞奇（Robert Reich）在談到美國公司時所說，美國的核心公司不再進行大量產品的生產，不再在大量的工廠、機器、實驗室進行投資，也不再僱用大量的生產工人和中層管理人員，在大型企業背後的是一系列分散的機構，是這些機構在與世界上同樣分散的工作單元打交道。

這樣，分散的經營單元就必須對來自客戶的要求和反饋做出迅速的反應。如果仍然採用傳統的組織方式，就會失去所有的商機，並在競爭中被淘汰。舉一個例子，有人曾於一九九三年對國際商用機器公司（IBM）的信託公司進行了研究，發現在那裏實施的仍然是傳統的科層制，申請一項貸款要經過系列的、由各種獨立部門管理的過程，一般需要七天時間。透過親歷貸款的過程，研究者發現，只要各個部門的管理者能夠立即處理手頭的業務，整個過程只需要九十分鐘，也就是說，正常貸款過程中的七天時間主要被用來處理文書旅行了。根據這樣的事實，研究者指出，如此的組織模式對於快速變幻的市場而言，無疑是讓人無法接受的。

事實上，從彈性生產、分散經營模式的擴散中，人們早就發現，傳統的資源管理已經無法滿足多元快速的市場需求，企業必須重組自己的資源管理策略。二十世紀九〇年代初期，加特納公司（Gartner Group Inc.）的企業資源規劃（Enterprise

Resource Planning，簡稱ERP）概念在這樣的背景下應運而生，這就是在電腦網路基礎上形成的企業資訊化管理系統，包括製造、供銷、財務（MRPⅡ系統），物料流通體系的運輸管理、倉庫管理（供需鏈上供、產、需各個環節之間都有運輸和倉儲的管理問題）；在線分析處理（Online Analytical Processing, OLAP）、售後服務及質量反饋、即時市場需求；生產保障體系的質量管理、實驗室管理、設備維修和備品備件管理；跨國經營的多國家地區、多工廠、多語種、多幣制需求；多種生產類型或混合型製造企業。這樣的資訊技術彙集了離散型生產、流水作業生產和流程型生產的特點，支持遠端通信（Web／Internet／Intranet／Extranet）、電子商務、電子資料交換（EDI）；支持工作流（業務流程）動態模型變化與資訊處理程序令的集成；此外，還支持企業資本運行和投資管理、各種法規及標準管理等，爲分散化的管理提供了強有力的工具。

　　基於ERP的組織已經擺脫了傳統的科層制組織，形成了各種新型組織模式，如虛擬組織、網路組織。所謂虛擬組織，就是保留組織核心部分的協調、控制和資源管理活動，而將大部分不具優勢或不那麼重要的業務活動「虛擬」出去，透過合同或企業聯盟的方式將次要業務進行轉包，充分利用外部資源，保留具有優勢的核心能力。運用虛擬模式，企業可以靈巧地放棄低附加值的業務或高成本的資源儲備，集中有限資源直接面向顧客，運用核心能力進行快速擴張，利用內外專家快速解決顧客所提出的複雜的問題。電腦製造廠商戴爾（Dell）就是最典型的這類組織。

　　而所謂網路組織就是透過小型的結構核心，聚集周邊性的、有緊密縱橫聯繫的獨立經營單位，突破內部的部門界限或

邊界，自由傳播和交流知識，突破科層制組織的權力登記障礙，在結構核心的協調下，形成一種組織網路。甚至可以形成具有更高自主性的、自治工作群體網路，透過具體工作任務來協調網路單元之間的關係。

當然，這只是兩個例子而已。還有如零售商業，過去各種各樣的同類型商店不見了，取而代之的是少數的、網路化的連鎖店，不僅在一國之內，更在全球範圍內。美國的普爾斯馬特（Price Smart）、法國的家樂福（Carrefour）都在中國大陸開設了自己的連鎖店。這就是又一種不同的新型組織模式。

因此，在資訊技術基礎上的企業重組的不僅僅是業務的重組，而是整個組織模式的變革。那麼這樣的變革對人類社會產生和即將產生怎樣的影響呢？以空間為例，傅柯（Michel Foucault）曾經認為，組織總是表現為一定的空間形式的，總要存在於某個地方。可是今天，資訊技術已經突破了人們對傳統物理空間的認識，在某個狹小的高層辦公樓簽訂的合同可以讓遠在某個角落的生產或交易生效；某筆投資也可以二十四小時在全球的股票交易市場進行不間斷交易；這樣貿易市場、股票市場就已經沒有固定的物理空間，而是流動在世界的上空，變成了若有若無的東西。

針對這樣的變化，人們重新提出了二十世紀六○年代曾經提過的一個問題：「科層制會消失嗎？」一九六六年，班尼斯（Warren G. Bennis）在《變遷中的組織》中幾乎宣判了科層制的死刑，他認為科層制度根本不能適應專業人員力量的增長、參與管理的發展和快速的組織變遷，由此，班尼斯和史拉德（P. E. Slater）預測科層制將在二十世紀消失。

有意思的是，二十世紀八○年代後期，當布勞和他的搭檔

梅約爾（John W. Meyer）在出版《現代社會中的科層制》第三版的時候說，自從該書第一版問世以後，針對科層制的批判就層出不窮，甚至有人預言科層制會很快消失。在歷經了工業社會的快速發展之後，他們無不自豪地認為，科層制仍然在發展。

　　我們的問題是，借助於資訊技術的各種組織還會給科層制模式以生存的空間嗎？現在尚沒有答案。

8. 我這是在哪兒？

　　到目前爲止的一切社會的歷史都是階級鬥爭的歷史，自由民和奴隸、貴族和平民、領主和農奴、行會師傅和幫工，一句話，壓迫者和被壓迫者，始終處於相互對立的地位，進行不斷的、有時隱蔽有時公開的鬥爭，而每一次鬥爭的結局都是整個社會受到改造或者鬥爭的各階級同歸於盡。

——馬克思《共產黨宣言》

　　馬克思（Karl Marx, 1818-1883），德國社會學家，無產階級革命家，古典社會學的代表人物之一。

　　設想一下，一群人走進了茂密的森林，植被的濃密讓人辨不清方向，經過了好一陣子的徒步跋涉之後，突然陽光照在了頭頂上，一定會有人急著問：「我這是在哪兒？」於是，人們就會試圖用各種方法來給自己的所在定位，不同的人會有不同的經驗，而且不同的經驗使人們很難取得一致的看法，於是爭執出現了，而且會繼續。這個時候，如果有人拿出一個什麼儀器，如地面衛星定位儀，就不僅能夠準確地測量出自己所在的位置，而且能夠解決所有的紛爭。

　　人的一生有時候就像是毫不熟悉森林的人走進了叢林，儘管社會化的過程力圖使人們對社會有所瞭解，但卻不能使人們充分熟悉自己的生存環境，也不一定能夠使人們明瞭自己所處的社會位置。因為，社會中不存在類似於地面衛星定位儀的設備。但社會並沒有整天處於紛爭之中，為什麼？

　　回想一下上一講我們提到的謝里夫的實驗，無論是孩子們自己形成的群體，還是謝里夫認為分成的小組，在每次形成群體的時候，不管人們願意還是不願意，總會形成一定的狀態：讓每個人都明白自己在群體中的位置，明白自己要做什麼、怎麼做。和兒童群體一樣，社會並不只是簡單的時間和空間的組合，也不只是人的雜亂無章的數量堆砌。社會中的個人、群體和組織都有自己的行為模式，相互之間的關係都滿足一定的規律。有了這樣的規律，才有了社會的秩序，否則社會就會出現紛爭和衝突，甚至戰爭；有了這樣的規律，也就對個體、群體和組織的行為形成了約束，並由此形成了一種強制的力量。社會學家把社會中模式化的行為規律、社會組成部分之間規律性的關係模式，稱之為社會結構。

　　這一講我們要討論社會結構的要素和社會的分層結構。

8.1 社會結構的要素

　　人們常常會把日常生活中的許多事情看做是理所當然的，或者本來就如此的，但是當我們仔細想一想或者考慮是否有其他選擇的時候才發現，原來看起來「自然」的東西其實並非如此。舉一個例子，在一個每個人都相互認識的小村，從孩子出世開始，大人就教孩子如何稱呼每一個人，從長輩到小輩，爺爺、奶奶、叔叔、嬸嬸，為什麼會有這許多稱謂？有和沒有這麼多複雜的稱謂有什麼不一樣？為什麼不可以把所有的男人都叫「男人」，把所有的「女人」都叫女人？`

　　如果人們問村裏的老人：「為什麼這個小孩不叫那位老人『爺爺』？」老人一定說：「那不亂了輩分！」當老人如此說的時候，他們的頭腦裏實際上已經有一幅全村人關係的稱謂圖，小孩儘管年紀很小，但是輩分卻很高，甚至與老人就是一個輩分，因此，哪怕在年齡上老人可以做小孩的爺爺，但是在稱謂上，小孩仍然要叫老人哥哥，而且在相互關係中，他們可以用同輩人的規則相互對待。如果老人是小孩的晚輩，在兩人相互見面的時候，老人還要給小孩行禮。所有這些，在村裏人看來是再自然不過了，但是對於村外的人來說，如果不清楚這其中的關係，就會像森林中的人們一樣，迷失方向。為什麼呢？

　　事實上，當老人說「亂了輩分」的時候，就已經明示了社會秩序建立的基本規則：每個人在社會中都有一個位置，人們對占據這個位置的人的行為是有期待的。社會學中把人們在社會中占據的位置稱之為「地位」，把人們對占據位置者的行為期

待稱之為「角色」。

社會結構的第一個要素就是地位。在社會中，每個人都占據著一個或者多個社會地位。還是讓我們回到前面的村子。孩子可以是老人的兄弟，但他到底是父母的孩子，與兄弟的交往規則很顯然不能用於與父母交往。所以，一個人的社會位置決定了他如何與人相處。如果走出親緣關係，人們還會有更多的地位，譬如為人子女者可能是一個公司的董事長，或者是某個政府機關的官員，在家庭要行長幼之禮，在公司或者機關，要遵上下級之責。在一個人擁有多種地位的情況下，人們總是偏向於將其最高的社會地位放在最前面，譬如一個人既是市長，又是主委、會長，此時人們總是會稱謂其「市長」，這種就高不就低的社會地位被稱之為「首屬地位」。

人們究竟是如何獲得自己的社會地位的呢？既有的研究表明，人們獲得社會地位有兩種途徑。出生是人們獲得社會地位的第一種方式。每個人都是由父母生養的，從父母那裏獲得的不可改變的東西構成一個人的初始社會地位，如性別、年齡、身分等，這就是所謂的「先賦地位」，即由父母的社會地位和自己的先天屬性所形成的地位。舉例來說，在中國大陸，農民家庭出生的人就具有農村戶籍，如果要進入城市，就需要經過特別的途徑；而城市工人，哪怕是貧困工人家庭出生的人，就不需要為進入城市去尋求特殊的途徑，兩個人的地位生來就有這樣的差別。

人們獲得社會地位的第二種途徑就是透過自己的努力。儘管先賦地位是無法改變的，但這並不意味著一個人只有先賦地位。除了先賦地位以外，人們還可以透過努力來獲得自己的社會地位，農村出生的孩子可以透過高考的方式進入城市，也可

以透過努力當上政府官員。透過個人努力而獲得的社會地位被稱爲「自致地位」。

在現代社會中，一個人在社會結構中的位置主要是透過自致方式獲得的。以職業爲例，處於工作年齡、身體健康的人都會要一份職業，但沒有人會不經過努力就能夠獲得職業，即使你是皇帝的兒子而且選定了你做下一個皇帝，你也要學習琴棋書畫、飽讀詩書才行。因此，每個人的職業都是自致的結果。農民家庭出生的人可以透過接受教育的方式獲得某種非農職業，工人家庭出生的人如果不努力就會找不到工作。

當然，非職業的地位也是自致的。帝王時期，許多爲官之人在結束了官僚生涯以後願意告老還鄉。回到家鄉以後，儘管他已經沒有了官職，但是鄉裏的大小事物還是會和他協商，徵求他的意見和建議，這就是所謂「鄉紳」。沒有職業的鄉紳之所以比普通百姓更受重視，是因爲人們都認爲他們應該有更加廣博的見識，應該更加公正。如果事實能夠證明這一點，那麼鄉紳受尊重的地位也就鞏固了，儘管他們沒有職業。同樣，在家庭的內部，爲人夫妻或者爲人父母，也是自致的：在社會上，淪爲流氓地痞，也是自致的。

換句話說，儘管每個人的先賦地位不同，但自致地位卻是可以改變的。

社會結構的第二個要素是角色。正如林頓（Ralph Linton）在《人的研究》中所說，一個人在社會中占有的是地位，扮演的是角色。因此，地位和角色是一個問題的兩個方面。

回到我們前面的小村，小孩子之所以可以像對待與自己年齡相仿的兄弟那樣去對待和自己爺爺年齡相仿的兄弟，這是因爲在人們的日常生活中已經規定了兄弟之間的互動模式，按照

模式進行互動就符合人們的期待。事實上，不僅有著一定輩分的小孩子如此，每個人都如此。占據某種社會地位的每一個人都有社會為之事先準備好的「劇本」（對角色的期待），每個人被期待按照自己的腳本演出。這就是為什麼每個進入社會的人首先要學習的就是具體角色的腳本，而要真正地進入社會，就要認真地在日常生活中按照人們的期待來扮演角色，否則就會被罵為「二愣」（北方方言）、「搭牢」（江浙和上海方言）等等。

當然，正如一個人一般不只占有一種社會地位一樣，社會中的每個人也不只一種社會角色，而且一個社會地位可以包含多種社會角色。舉例而言，市長既是政府的領導幹部，也是其他類似幹部的同事、公務人員，也許還有其他的社會兼職，如某個委員會的主任委員之類。社會學中把這種與某個地位相聯繫的角色集合稱之為「角色叢」。

需要注意的是，社會中地位和角色都不是固定不變的，總是有一些地位在消亡，另一些地位在產生。例如我們的第五講，票證管理人員隨著職業的消失，地位也隨之消失了，而網路管理員作為一個新的社會職業，也是一個新的地位，與之相伴隨的是，人們對新地位的角色期待也在新地位產生的時候產生了。

當然，角色本身也在變化，這就是社會學中所說的角色的重新定義。舉例而言，以前人們總是希望退休的主管能夠幫助新上任的主管熟悉自己的角色，把他們多年的工作經驗傳給後任。但是現在，有些人卻希望老主管在退休的時候就徹底地離開自己的角色，因為目前社會發展的變化快速而且劇烈，老主管的經驗也許不是一種幫助，而是一種障礙。

　　同樣需要注意的是，正因為每個人在社會中具有多種角色，就不可避免地產生角色之間的對立和衝突。舉一個例子，大學裏的老師，作為教師應該對學生嚴格要求，盡可能地把自己的知識和獲得知識的方法傳遞給學生；但同時，在大學的管理規章中，教師又是被學生評估的對象，學校要求學生在課程結束的時候對老師的工作進行評價。如果對學生要求嚴了，就有可能獲得學生的較低評價。由此，在教師與被評估者之間就產生了「角色緊張」，老師總是要在兩者之間權衡，不可能同時滿足兩種角色的期待。當一個人同時扮演兩個或者兩個以上的角色，如果角色之間發生了抵觸，就會形成角色衝突。

　　儘管在現實生活中的確存在各種角色的緊張和衝突，但在總體上，社會上大多數社會地位的角色之間是和諧的，至少是不衝突的。即使存在衝突，在社會規則的層面上也有解決衝突的方法，尤其是在角色扮演者為了滿足一種角色期待而違背了另一種或幾種角色期待的情況下，社會甚至會用規治與懲罰來糾正角色的表演行為。

　　在地位和角色的基礎上，一個人的集合體就變成了群體和組織，這就是社會結構的第三個要素。根據上一講的討論，我們知道，群體是由兩個或兩個以上的人組成的、具有認同感和團結感的人群；與群體比較，組織具有更加嚴格的規章和構架。在這個意義上，群體和組織實際上包括了人類社會所有的結構形式，從最簡單的二人互動，到最複雜的國家之間、國際層面的互動，如世界貿易組織，並包括了群體和組織之間存在的各種重要差異，如結構複雜性差異、親密性差異，甚至交往性差異，而這些差異正是社會複雜性的基礎。

　　從上一講對群體和組織的討論中我們還知道，哪怕是在最

簡單的群體中，也有模式化的行為和有規則的互動，而且每個群體和組織都可以制定自己的行為模式，那麼組織之間又遵循什麼樣的行為規則和互動模式呢？這就是群體和組織之間的結構問題，也是社會結構的第四個重要因素：制度。事實上，在一般情況下，約束人們行為的各種規範就是制度。不過在社會學中，制度更多被用來指稱系統化的、具有價值偏向的、用來約束地位和角色以及群體和組織行為的規則。舉例來說，考試制度就是用來約束學生學習、老師授課和學校組織課堂的一個規則體系。

由人所占據的地位、扮演的角色、加入的群體與組織所建立的制度就構成了五彩紛呈的、複雜的人類社會結構。同樣，在這些要素的基礎上，我們就可以描述社會的各種結構，如家庭、教育、宗教、經濟制度、社區，甚至世界體系。接下來我們要討論的是一種特殊的社會結構：不平等體系。

8.2 社會的分層結構

前面討論社會地位的時候，是把「地位」當做「位置」來對待。事實上，地位還有另外一個常見的含義，那就是社會位置的高低之別。還記得前面市長的例子嗎？如果一個人既是市長，又是主委，人們總是會稱謂其「市長」，為什麼？因為社會價值標準認定市長的地位要高於主委。這就是說，社會地位有高低之分，同樣，社會也為不同層級地位之間的互動制定了規則。

此外，我們還可以看一個經典的例子。鐵達尼號不僅是當

時世界上最大的客輪，還被行家們認為是不可能沈沒的船，但它卻在首航中沈沒，由此創造了世界航海史上一個悲劇性的奇蹟。正因為如此，一部好萊塢電影《鐵達尼號》也風靡全球。當電影試圖再現當年沈船時的壯烈場面的時候，人們是否注意到，誰是最先離船的？誰是最後離船的？為什麼？

根據資料記載，鐵達尼號的沈沒歷時三個小時。由於救生船不夠，所以在人們逃生的時候，恪守了「婦女兒童優先」的社會規則，使得69％的婦女和兒童倖免於難，而逃過死亡的男士只有17％。不過，人們也注意到，整個輪船的船艙是分等級的。住在頭等艙的都是有錢人，住在二等艙的主要是中產階級職員和商人，住在三等艙甚至更低艙位的主要是移民美國的普通人。如果按照艙位來計算逃生率，頭等艙60％，二等艙44％，三等艙及以下26％，而且頭等艙男士的逃生率比三等艙兒童的還要高。因此，在人們逃生的過程中，不僅遵守了「婦女兒童優先」的規則，也遵循了「高社會地位的人優先」的規則。

社會地位的高下之別在任何社會中都有著重要意義。也就是說，在任何社會中，社會地位的高下之別實際上代表了社會資源分配或者占有的狀況。在這個意義上，獲得更高社會地位的過程也就是占據社會資源分配優勢地位的過程和占有更多社會資源的過程。

那麼，什麼樣的東西叫做社會資源，人們又如何獲得社會資源呢？這是社會學分層理論與經驗研究中的核心問題。在社會分層研究的傳統中，馬克思把生產資料當做社會資源，把剝削看做是獲得更多生產資料的主要方式。由此出發，馬克思把經濟中的層級結構擴展到政治、文化和社會地位的層級結構方

面，認爲統治階級（占有生產資料的社會集團）掌握了主要的社會資源，不僅爲了保護自己的利益，也用來控制其他的階級，因此，組織和法律等社會制度也變成了統治階級進行統治的工具。

社會分層研究的另一個傳統是韋伯。韋伯的基本觀點是，社會成員並不只是在追求同一個社會目標，不同的社會群體具有不同的追求，由此構成了不同的社會地位結構體系。資本家追逐財富，按財富多少決定社會地位；知識分子追求聲望，聲望可以給他帶來各個方面的相關利益；政治人物追求權力，社會地位高低的標記就是權力的等級秩序。

在工業社會不斷發展的過程中，儘管人們對社會成員是否一定表現爲統治與被統治的關係這一問題仍然爭執不下，持贊同意見的衝突論和持反對意見的功能論仍然保留各自的基本立場和觀點。不過人們都看到了財富、聲望、權力或者生產資料與社會地位是一些相互影響的因素，沒有與聲望和權力無涉的財富，同樣也沒有與其他兩項無涉的聲望或者權力。事實上，二次世界大戰以後的社會學分層研究有兩個基本主題：社會資源的分配格局和社會資源的分配機制。就第一個主題而言，社會學家們發展了一系列探討社會分層的度量方法；對於後者，在馬克思和韋伯兩個傳統之下，社會學家們也發展了各種不同的解釋方案。

就測量方法而言，基本包括：第一，客觀方法。強調一些客觀指標，如收入、職業、受教育程度等。譬如，英國人口登記使用職業單一指標，把社會成員分爲專業型、管理型、技術非體力型、技術體力型、半技術型、非體力勞動型以及軍人等職業類型；美國的人口登記則根據收入將社會成員分爲不同的

收入類型，並規定在某個收入線之下爲貧困人口；還有的將教育程度、收入和職業綜合起來，製作成社會經濟地位量表，如高洛普（J. H. Goldthrope）的三類七等量表（見**表**8-1）和賴特（E. O. Wright）的三類三等量表（見**圖**8-1）。第二，使用聲望量表測定個人和社會群體的社會地位，如社會階層測量量表，職業聲望測量量表（諾斯—哈特量表）等，方法是由他人評價某人的社會聲望。第三，主觀測量法。基本方法是，由社會成員自己來界定自己的社會位置。

表8-1　高洛普階級量表

		職業關係
服務	I 較高等級的專業人員，行政官員和職員；大型工業企業的創建人員；大資產所有者。	雇主或服務關係
	II 較低等級的專業人員，行政官員和職員；較高等級技術人員；小企業和工業的創建人員；非體力型員工的主管。	服務關係
仲介	III行政和商業中非體力型的日常事務職員；服務行業中有等級的職員。	仲介
	IIIb較低等級的非體力型日常事務職員（銷售人員和服務人員）。	仲介（男） 勞動契約（女）
	IV小資產所有者和個體手工者。	雇主
	IVb沒有僱人的小資產所有者和個體手工者。	自我僱用
	IVc農場主和小土地所有者，其他自我僱用的農業人員。	雇主或自僱
	V 較低等級的技術人員，體力員工的主管。	仲介
工作	VI熟練體力員工。	勞動契約
	VII半熟練和非熟練體力員工。	勞動契約
	VIIb農業工人。	勞動契約

資料來源：Crompton, Rosemary. 1998. *Class and Stratification: An Introduction to Current Debates*. Cambridge: Polity Press. p.67.

和生產力之間的關係

		所有者	被僱用者				
雇員人數	多	資本家	專業經理	熟練經理	非熟練經理	經理	與權威的關係
	少	小所有者	專業主管	熟練主管	非熟練主管	主管	
	無	小資產階級	專家	熟練工人	非熟練工人	非管理	
			專家	熟練	非熟練	與訓練	

與訓練不足的關係

圖8-1　賴特的第二階級說：剝削關係

資料來源：Wright, E. O. 1997. *Class Counts*. Cambridge: Cambridge University Press. fig. 1.3.

　　即使撇開三種方法各自的局限性不談，社會資源分配格局的研究只是描述了社會的分層結構，並沒有對既有的社會現象進行解釋，即沒有解釋社會資源分配的機制。所以，甘斯（H. Gans）說，社會學家只研究社會的不平等分配格局是不夠的，他們應該利用政治和政策媒介來影響政策，使政策朝向有利於大多數人的方向發展。高洛普也說，社會性資源分配格局的研究不能全面解釋是什麼因素動搖了社會原有的分層狀態。而要做到這一點，社會分層研究就必須集中在個人和社會群體的社會地位、組織以及權力分配的機制上。換句話說，要研究社會分層結構的形成過程。究竟哪些變數構築了社會的等級體系呢？又是如何構築的呢？這就是社會分層結構研究的第二個主題，社會資源的分配機制。

　　社會學對社會資源分配機制的探討沒有擺脫社會分層研究的兩個基本傳統。在韋伯的傳統下，研究者們強調社會資源獲得中的契約（合作）性，即在資源的獲得中所表現的是社會行動者之間的互倚；在馬克思的傳統下，研究者們卻主張社會資

源獲得的對立性，即在資源獲得的過程中體現的是社會行動者之間的強制性，體現在交換關係中的是權力（利）的衝突與對抗。儘管如此，對於來自兩種立場的學者而言，分層結構卻是社會獲得的最有力的表現形式。

那麼，是什麼樣的因素影響到社會的分層結構呢？帕金（F. Parkin）說，在現代西方社會的整個報酬體系中，分層結構的根本就是職業秩序。紀登士（Anthony Giddens）也認為，與前現代社會比較，現代西方的階級社會主要有四個特點：

第一，與其他類型的層級體系不同，階級制不是由法律和宗教來決定的；階級成員的資格不是來自世襲。階級制比較其他類型的層級體系更具有流動性，階級之間不具備清晰的邊界，階級之間的通婚沒有嚴格的限制。

第二，個人的階級歸屬至少是個人努力的結果，而不是像其他類型的層級體系那樣由出生所賦予。與其他類型的層級體系比較，階級制的社會流動更為普遍。

第三，階級的劃分主要依據不同群體之間的經濟差別，即對物質資源占有和控制的不平等。在其他層級體系中，非經濟因素往往更為重要。

第四，在其他層級體系中，不平等性基本上是由人際關係中的義務和責任所表述的，如佃農和地主、奴隸和主人、低級種姓和高級種姓。但是，在階級體系中不平等性是由非人際之間的大規模聯繫形成的，例如階級差別的基礎主要包括收入的和工作條件的不平等。作為存在於經濟整體中經濟環境的一個結果，任何職業類別都有這樣的不平等。

問題是，如果不是現代西方社會又會如何呢？與非西方社會比較，現代西方社會有什麼特別之處？從帕金和紀登士的表

述中可以看到，對職業秩序的強調隱含了一些重要的假設，如自由主義的市場制度、法治秩序和民主政治等，如果沒有這些條件呢？換句話說，在人們討論西方社會的分層結構的時候，把一些重要的制度，如自由主義的市場制度、法治秩序和民主政治看做了常量，各個學派對社會分層機制的探討都假定這些制度是不變的。

問題是，當我們考察中國社會的分層結構時，卻發現上述關於西方社會的制度假設存在疑問，即使僅僅考慮職業秩序機制也有問題。第一，職業秩序機制是假定所有社會成員都活躍在自由市場中，但是現實中老人、婦女、身心障礙人士都不一定是自由市場中的活躍分子；第二，影響職業的因素很多，生產和市場影響到職業結構，年齡、性別、種族也影響到職業結構，還有，勞動分工也影響到職業結構，甚至可以說職業結構是勞動分工的函數；第三，職業不一定能夠完全整合財富、聲望和權力，因為三者與職業之間不存在完全的線性關係。

在這樣的情況下，對歷史事實和現實社會的考察也許比邏輯遊戲式的理論爭論更為重要。在接下來的部分，我們將根據筆者近年的研究，試圖簡要地探討中國大陸社會的分層機制。

8.3 中國大陸社會分層機制的變遷

在一九二六年寫作《中國社會各階級的分析》的時候，毛澤東痛恨資產階級的反動和地主階級對農民的剝奪。從馬克思那裏，他堅信一切不平等的制度都是起源於生產資料的私人占有。於是在他執政的時間裏，總是試圖透過制度建設的方式，

建立一個社會資源分配平等的社會。

孫中山提出土地租佃關係所支持的人身依附關係是封建主義的社會關係，只有「耕者有其田」才能掃除這樣的關係。問題是，「耕者有其田」只是社會變革時期的初始制度，而不是一個「可持續性」的制度。如果沒有其他制度的支持，伴隨初始化制度發展的則有可能是這樣的情形：

第一，如果在制度上僅僅維持「耕者有其田」，那麼維持這樣的社會資源分配格局必須犧牲一些東西。因為在實際的生活中，人的能力差別是自然的賦予，制度沒有能力使所有人的能力一致進而維持「耕者有其田」式的制度性平等。因此，即使初始化的條件一致，由於時空因素的差異，也必然出現資源利用方面的差異。在農業社會中，如果仍然維持初始化的制度，就必然犧牲一部分人的能力，同時也犧牲了社會的公平，造成另一種不平等。

第二，如果在制度上給每個人以公平的機會，那麼「耕者有其田」就僅僅只是一個初始化的制度。一定的時日以後，個人能力的差異就會在資源利用中表現出來。

一九四九年以後，我們就遇到了第二種情況，農村的貧富分化讓毛澤東覺得，簡單的「耕者有其田」並不是一個建立平等社會的制度。在那樣的情況下，他也沒有採用第一種策略，而是採用了將「耕者有其田」概念化的方式，採用集體所有制，使「耕者有其田」用另一種制度得到表達。透過土地改革，使耕者有其田；接著透過農業合作化和人民公社制度，來平衡人們的能力差異，至少在概念上建立了一個平等的制度。

遺憾的是，計劃經濟制度卻在更高的層面上建立了資源分配和占有的不平等，特別是隨著工業體系的建立，工農之間的

產業不平等、城鎮和農村人口之間的生活機會不公平便更加突出。當城鎮的知識青年下放農村的時候，他們的父母認為那是到遙遠的地方去服苦役而千般萬般地不願意，打心眼裏覺得，孩子到農村去不知道要如何吃苦遭罪。當第一批知識青年來到農村的時候，農村的孩子則像是看到了天堂裏來的客人，對他們的任何事情都覺得新奇。城鄉之間的差別簡直就是兩個社會體系的差別：無論是收入、受教育條件、醫療保障條件、生活中的衣食住行，兩者之間根本就不在同一個資源分配和占有的層次上。

集體所有制、計劃經濟制度和國家控制的不平等資源分配讓農業經濟表現為遲滯性的增長，只有數量的增長，而沒有人們生活水平的提高；農業始終走不出自然經濟的圍欄，農村人口的生活圈子始終走不出傳統自然社區的範圍。

即使如此，農村社會內部的不平等也沒有被消除。工分等級制度和分配等級制度，依然將整個農村社會建構成為了一個陀螺形的結構。在制度框架內，廣大的貧下中農處於社會分層的上端，極少數的「四類分子」處於分層結構的最下層。換句話說，一個本意是保證社會資源平等分配的制度，並沒有實現自己的目標，即使是虛擬的「耕者有其田」，也未能在局部保證社會資源的平等分配。

同樣，計劃經濟制度也沒有建立一個平等的城鎮社會。與自然經濟的農業不同，生產資料能夠被分散占有的只是手工作坊式的工業，機器工業以後的生產資料不可能「實物性」地讓社會成員平等占有。如果是「貨幣性」的占有，那就與「耕者有其田」一樣面臨兩種選擇，要麼制度性地支持一個平等制度而放棄社會公平，要麼制度性地支持社會公平而放棄初始化的

平等制度。與農業經濟不同，土地作為生產資料基本上是一個常量，初始化的平等，即意味著歷時性的平等；而機器工業的生產資料卻是一個變數，並受到各種因素的影響。這樣，兩種策略都不能保證社會成員在「占有」上的公平性。在這樣的前提下，也許計劃經濟是最能體現平等原則的制度。但這必須滿足一個前提，那就是充分就業或完備的社會福利制度。如果不能保證這一點，就無法達到社會資源的平等分配和占有，也無法保障社會的公平。

　　一九四九年以後，由於人口數量、受教育差異和工業發展水平的差異，城鎮失業是一個始終存在的社會問題。計劃經濟制度沒有能夠建立一個相對公平的社會分配制度。與工人階級的理想大相逕庭的是，失業、分配等級制度和與之相適應的社會福利等級制度，始終就是一個無法驅散的制度力量。計劃經濟制度不僅沒有消除這種制度，反而強化了其中的等級關係。

　　以工資制度為例。五〇年代初期，各地曾採用不同的工資分制，以實物為基礎，但用貨幣表示。如一九五〇年九月制定的「統一工資分」所包含的實物種類和數量為：糧0.8市斤，布0.2市尺，油0.05市斤，鹽0.02市斤，煤2.0市斤。實物的牌號各地區不盡相同，價格採用當地國營零售商店的零售價。在物價基本穩定以後，貨幣工資很快就代替了工資分。到一九五六年實施工資改革以後，就基本上形成了一個複雜而又嚴密的工資制度體系。首先，同一工資等級的工資標準，按中國不同地區劃分為十一個類別，以第一類地區的工資標準為基礎，然後根據物價生活指數，每提高一類地區，工資標準增加3％，第十一類地區的工資標準比第一類地區的工資標準提高的幅度為30％。其次，工作崗位的工資級別還依其崗位的行政級別而有差

異，如部委所屬企業的工資級別一定高於省市企業的工資級別。再次，工作崗位又被分爲不同的性質，譬如國家機關、工廠、學校、部隊、醫院、商店、環境衛生等等，每一種性質的崗位都有其工資等級體系。還有，工作崗位又分不同的類別，以工廠爲例，包括行政管理、技術管理、專業技術、生產等等。最後，每一個崗位的工資都分等分級，同一個崗位可能包括三個或者更多工資級別。譬如，同一個醫院工作的護士，其工資可能相差七個等級。

在所有這些工資等級中，最典型的是工廠裏針對普通工人的八級工資制和行政二十五級工資制。根據周恩來一九五七年九月二十六日在中國共產黨八屆三中全會（擴大）上的講話，企業的八級工資制是從蘇聯學來的，它根據生產勞動的複雜程度和勞動者的技術熟練程度，將工資分爲八個等級，等級之間有等級係數和等級標準。行政二十五級工資制亦如此，從毛澤東直到人民公社革命委員會的主任都被列在這個工資體系之中。以一個工廠的工人爲例，其個人收入所涉及的主要制度性因素包括：企業的所有制類型，企業的行政級別，企業所在的地區，個人所在的工種，個人所在的崗位，個人技術熟練程度，個人從業的年限等等；其中的每一個因素又被分爲幾個等級。

與工資標準和工資等級相對應和一致的還有各種補貼、福利和社會流動機會。獲得不同工資等級的人具有不同的職務工資、獎勵工資、名目繁多的補貼，以及分等級的住房、物質供應、醫療、在職消費等等。以醫療爲例，一些藥品就只有處於工資等級高端的人員才有資格享用，一個掃地的工人是無論如何沒有資格「享受」的。同樣，一個人所具有的工資等級與其

所具有的社會流動機會密切相關，獲得的工資等級越高，流動越容易。

8.4　我這是在哪兒？

到這裏，制度對社會分層結構的影響並沒有結束。一九七八年以後，中國開始改變過去的制度，在農村實施聯產承包責任制，在城鎮允許多種經濟成分發展，並提出「讓一部分人先富起來」。

在農村實施聯產承包責任制以後，除了農業生產的快速發展以外，對社會分層結構的直接影響就是農業勞動力的大量剩餘。一九七八年農業（農林牧副漁）所容納的勞動人口為28,455.6萬人，占當年農村勞動力總數的96.7％；一九九○年則為33,336.4萬人，一九九一年達到高峰，34,186.3萬人，一九九七年降為32,334.5萬人。僅以一九九○年為例，農業所容納的勞動力比一九七八年增加了4,880.8萬人；這期間，農作物播種總面積一九七八年為15,010.4萬公頃，一九九○年為14,836.2萬公頃，減少了174.2萬公頃；同期鄉村勞動力總數從2,942.6萬人增加到42,009.5萬人，淨增了12,583.5人（一九九七年，鄉村勞動力總數更達到45,962.1萬人）。這意味著，第一，農作物播種面積從一九七八年7.9畝減少到一九九○年的6.7畝，說明要麼農業勞動力生產效率下降，要麼農業中的冗員增加。第二，在保持農業勞動力增長格局不變的情況下，鄉村社會平均每年都有一千多萬勞動力剩餘。換言之，農村社會的失業問題比六○年代初期的城市還要嚴重，解決就業問題就成了實施土地承包以

後農村所面臨的最大的社會和經濟問題。

實際上,自農村實施經濟制度改革始,農村人自己就把尋求剩餘勞動力出路問題推到了農村發展的前臺。二十多年來,農村勞動力大致在沿著三個方向消化。首先是農業內部。上面的數字說明,一九七八年至一九九七年的二十年間農業內部新容納的勞動力多達3,979.3萬人,占同期新增農村勞動力總數的24%。消化這些勞動力的因素也許並不在於新增了多少農作物播種面積,因為二十年間農作物播種總面積並沒有實質性的增加;主要的是農業內部的結構調整,譬如糧食作物播種面積的減少,油料作物播種面積的增加,還有養殖業、林果業和漁業等高附加值農業的發展。但這絕不意味著農業生產效率的實質性提高,更不意味著農業的產業化,因為多數農業領域所依靠的仍是人力資源,農業仍是許多農民謀生的基本手段,離農產品的商品化還有相當的距離,更不要說依靠農業來獲取利潤。

農村剩餘勞動力的第二個出路是農村工業。統計數字表明,一九八〇年中國鄉村兩級企業為142.5萬個,職工2,999.7萬人;一九八五年達到156.9萬個,職工4,152.1萬人;一九九〇年,因中央政策調整,企業個數有所減少,為145.5萬個,但職工卻增至4,592.4萬人。一九九七年鄉鎮企業總數達到2,014.9萬家,從業人員13,050.4萬人。從一九七八年至一九九七年的二十年間,農村新增勞動力的總數為16,536.1萬人。這就是說,鄉村新增勞動力的79%進入了農村工業領域。

農村剩餘勞動力的第三個出路是離開農村去流動和到城鎮就業。從二十世紀八〇年代初期開始,在一些剩餘勞動力進入鄉鎮企業的同時,另一些人離開土地到城鎮「打工」,即城裏人所說的「農民工」。一九八四年,政府進一步放寬對農村居民流

動的限制，容許農民進入城鎮務工經商。此後，農民進入城鎮的人數急遽增加，他們到城鎮除了「打工」以外，還搞建築，自己開工廠、開店和長途販運等。九〇年代初期有人說，中國大陸平均每二十八個人就有一人在流動，流動人口總數達五千萬。一九九五年農村流動的人數大約在六千六百萬，一九九七年大約八千萬，一九九八年這個數字達到了一億。在有關農村勞動力的統計中，「其他」欄的人數在不斷增加：一九八〇年為143.1萬人（包括外出臨時工），一九八五年為1,945.8萬人，一九九〇年為2,593.1萬人，一九九五年為4,379.7萬人，一九九七年為4,415.7萬人。這個欄目包括的主要是流動人口。

　　除了外出流動以外，還有一部分人乾脆到城鎮正式就業。從一九八〇年至一九九〇年的十一年裏，城鎮就業人口總數為8,389.7萬人，其中來自農村的勞動力就達1,358萬人，即每六個城鎮就業機會就有一個給了來自農村的勞動力。從一九九〇年到一九九七年，城鎮新就業人數5,841萬人，其中來自農村的就有2,295.6萬人，占城鎮新就業人數總數的39％。如果考慮在每年的大中專畢業生中大約有50％農村生源的話，那麼這個比例就更高了。

　　在城鎮，面對巨大的返城人口，就業壓力，使得政府不得不放開就業的渠道，廣開就業門路，打破勞動力全部由國家包下來的老框框，實行在政府統籌規劃和指導下，勞動就業部門介紹就業、自願組織起來就業和自謀職業相結合的辦法。並提出解決今後勞動就業問題主要靠：大力興辦扶持各種類型的自籌資金、自負盈虧的合作社和合作小組，支持待業青年辦獨立核算的合作社；城鎮郊區發展以知識青年為主的集體所有制場（廠）、隊或農工商聯合企業；鼓勵和扶持個體經濟適當發展；

建立勞動服務公司擔任介紹就業、輸送臨時工、組織生產服務和進行職業教育等任務。

這就意味著，在社會主義改造完成近十五年以後，在制度的層面，個體經濟的發展在城鎮社會中再一次獲得了合法身分，集體經濟也被當作城鎮經濟社會發展的重要部分。以此為契機，在中共中央和國務院一系列有關城鎮集體經濟和個體經濟的文件的允許下，社會的分層結構開始進行重組。

可以頂替父母的，有了工作；有「關係」的，有了工作；有「門路」的，有了比較好的工作；有「指標」的，當然也有了工作。當然，這裏「工作」的直接含義，是指全民所有制企業事業單位的工作。在二十世紀八〇年代的初期，對於城鎮勞動年齡的人口而言，工作就意味著「一切」，因為一切生活物品的獲得都和工作有關。有了全民企事業單位的工作，就意味著有了現金收入、住房、醫療保障、子女受教育機會，以及各種從生到死的福利。

但是，全民所有制單位並沒有能力容納十年積累起來的外加上每年新增的近千萬勞動人口。沒有「工作」的人總要生活。農村是不願意去了，如何生活呢？好在獲得現金收入的「口子」放開了，不要「單位」，自己「幹」；聯合幾個人「幹」，做商業、做實業，都可以掙些錢來解決日常生活中的吃飯穿衣問題。原因是，在實際的生活中，「工作」還沒有把所有的生活環節都包括進去，還不是完全的供給制度，用貨幣交換物品的方式仍然存在。

在制度容許個體經濟和集體經濟，而且城鎮剩餘勞動力面臨的生活壓力沒有辦法在既有體制內獲得解決的情況下，新的個體經濟和集體經濟自然獲得了發展。

　　就個體經濟而言，在城鎮的新就業人口中，一九八四年至一九八五年，個體勞動者人數有一個激增，其後又出現反覆，直到一九九四年再次大幅度增加，一九九四年以後，每年新增的個體從業人員就多達兩百至三百萬人。

　　集體經濟的發展狀況在二十世紀八〇年代與個體經濟類似，八〇年代早期有較大幅度的增長，80年代中期以後停滯。進入九〇年代以後，則與個體經濟的發展方向相反。個體經濟發展迅速，集體經濟則走向萎縮，特別是一九九二年以後，不僅表現在新增就業人口中集體所有制就業人數的急遽減少，也表現在集體所有制從業總人數的穩步下降。

　　一九八八年四月十二日，中共第七屆全國人民代表大會第一次會議通過了《中華人民共和國憲法修正案》，在《憲法》的第十一條規定：「國家允許私營經濟在法律允許的範圍內存在和發展，私營經濟是社會主義公有制經濟的補充。國家保護私營經濟的合法權利和權益，對私營經濟實行引導、監督和管理。」同年六月十五日，國務院發布第四號令，即《中華人民共和國私營企業暫行條例》。《條例》規定，私營企業指企業資產屬於私人所有，雇工八人以上的營利性經濟組織。從此，私營經濟也獲得了合法地位。從國家統計局的資料可以看到，一九九〇年私營經濟被列入國家統計，八年之內，從業人員從五十七萬猛增到七百五十萬。

　　與個體經濟、集體經濟、私營經濟從業人數的消長相伴隨的則是城鎮各項經濟制度改革，特別是國有企業改革、勞動就業制度改革、收入分配制度改革和社會福利制度改革。一九七八年十月，四川省首先在重慶鋼鐵公司等六家國有企業，進行擴大企業自主權的改革試點。一九七九年七月，國務院發布

《關於擴大國營工業企業經營管理自主權的若干規定》等五個經濟體制改革的文件，國家經委、財政部等六個部門在總結四川省國有企業改革經驗的基礎上，在京、津、滬選擇了首都鋼鐵公司等八家國有大中型企業進行改革試點。大約在同一時間，全國國有企業比較集中的省市，都先後進行了擴大企業自主權的試點。到一九八〇年，全國進行擴權試點的國有企業多達六千家，占預算內工業企業總數的16％、產值的60％、利潤的70％。擴權改革的基本內容是：第一，利潤留成。第二，經營自主權。第三，可以按國家勞動計畫指標擇優錄用職工，自己決定機構設置，任免中層和中層以下幹部。這就是說，在資本、生產和人事三個方面，企業都獲得了彈性較大的權利。擴權試點的後果，除了造成了一九七九年至一九八〇年兩個財政年度的鉅額財政赤字以外，就是職工收入的大幅度增長。

一九八〇年國有企業職工的年貨幣收入比一九七九年增加了14％（一九八〇年以後，幾乎每年的增長幅度都在10％以上）。同時，一九八〇年城鎮集體職工的年貨幣收入增長幅度雖然比國企職工的增長幅度高出了一個百分點，但年收入額的差距卻從一九七八年的一百三十八元上升到一九八〇年的一百八十元（這個差距在以後的時間裏不斷擴大，到一九九七年擴大為2,235元）。所以，二十世紀七〇年代末期和八〇年代初期，進入國企仍然是城鎮就業人口的首選。

一九八一年初，為了落實財政上繳任務，山東省將利潤留成改為了利潤包幹，並將這樣的改革稱為「工業經濟責任制」。為了保證中央政府的財政收入，一九八一年下半年，中央政府下達了《關於實行工業經濟責任制若干問題的暫行規定》，實際上是將山東的經驗推廣到全國。到一九八二年底，全國實行各

種形式的經濟責任制的企業占企業總數的80％。如果說國企的第一步改革是使企業利益得到合法化的話，那麼經濟責任制則是承認了企業作爲利益主體的地位。二者直接衝擊了原有的計畫、物質、價格、稅收和勞動人事制度，進而衝擊了原有的城鎮社會結構分層機制。

隨著企業自主權的擴大，企業的經濟利益開始出現不平衡的發展。由於利潤包幹的基數大多根據企業的經營成績，企業爲了自己的利益就不得不儘量低報經營成績，這樣，在企業之間就出現了各種不均衡的現象。利多的企業不得不多交，利少的企業則可以少交，即所謂的「鞭打快牛」。爲此，一九八三年六月和一九八四年十月開始分兩步在企業實施利改稅，目的是通過靈活性的稅種和稅率調整取代剛性較強的「利潤包幹」。並希望藉此來規範國家和企業之間的分配關係。爲了配合上述改革，國家也開始改革企業的招工制度。一九八三年二月，勞動人事部頒發了《關於招工考核擇優錄用的暫行規定》，強調招工中的選擇性錄用。

在市場並不健全、國有經濟仍然占據經濟和政治主導地位的條件下，讓企業經濟利益合法化的後果之一就是，一方面加速了國有企業內部不同行業、不同級別企業之間的分化，甚至加劇了新老企業之間在經營成績方面的分化；另一方面強化了國有企業作爲一個整體在國民經濟中的地位，特別是對國有企業招工的限制，使國企工作崗位本身成爲了稀缺資源。

一九八四年，中共十二屆三中全會通過了《中共中央關於經濟體制改革的決議》，正式提出了關於國有企業所有權和經營權分離的問題。要使企業眞正成爲具有一定權利和義務的法人。一九八六年七月，國務院發布了改革勞動制度的四個規

定，其中之一就是《國營企業招用工人暫行規定》，在重複一九八三年「擇優錄用」原則的基礎上，強調了勞動合同制和廢止了「子女頂替」。根據規定，勞動合同職工與固定工有相同或稍低的工資、福利等待遇，但卻可以被除名、開除和辭退。

如果說兩權分離問題動搖了全民所有制職工在分層結構中的「上層地位」，使他們降格為必須接受崗位責任和效益約束，且其權利申訴無法超越企業的「勞動者」的話，那麼勞動合同制則使國企工人終生僱用制度解體；廢止「子女頂替」又取消了國企工人的職業世襲制度。從此國企職工的光環逐步褪色。

一九八八年，國家在「經濟過熱」的浪潮中通過了《全民所有制工業企業法》，對企業的獨立法人地位用法律的形式進行了表達。緊接著進入了治理整頓的經濟政策緊縮期，從八○年代中期開始執行的勞動、工資和企業政策沒有更進一步發展。從相關資料可以進一步看出國有企業的職工總人數、年平均工資、合同制工人的比例增長平穩，但新就業人數卻緩慢下降。

一九九二年以後，在整個經濟改革步伐加快的潮流中，國有企業的改革經歷了從轉換經營機制到建立現代企業制度的發展。一九九二年二月，勞動部發出了《關於擴大試行全員勞動合同制的通知》；六月三十日，國務院通過了《全民所有制工業企業轉換經營機制條例》，強調國有企業要實行勞動合同制；一九九三年二月，勞動部又發出通知，對於與勞動合同制有關的勞動、工資、福利保障、醫療保障等問題做出了詳細規定。此後，國有企業中勞動合同制職工的比例急遽增加，到一九九七年已經超過了50％。

幾乎就在同時，由於冗員對效率的直接影響，國有企業內部也開始實行勞動制度改革。一九九二年二月，勞動部發出了

《關於繼續做好優化勞動組合試點工作的意見》。《意見》突出強調，優化勞動組合是深化企業改革的重要措施，有利於調動職工積極性和增強企業活力。在此之前，對於效率不好的企業，國家已經要求「關、停、併、轉」。與之相配套，一九九一年四月，經國務院批准，勞動部頒發了《關於做好關停並轉全民所有制企業職工工作的通知》，對這些企業的職工主要採取行業內部調劑的辦法，安排其就業。這就使得原本就有冗員的企業問題更加突出。一九九七年四月，國務院專門發布了《國有企業富餘職工安置規定》，強調四點：實行開發性轉移，富餘職工自謀職業，失業後再就業，提前退休退養。這樣，早在五〇年代就開始、七〇年代後期突出的對非全民所有制失業人員的「安置」工作，最後輪到了國有職工身上。到一九九四年底，國有企業從原崗位上分離出來的富餘人員大約1,200萬人，占國有企業職工總數的12％。到二〇〇〇年底，國有勞動人口只剩8,100萬，也就是說，五年中國有企業的職工減少了3,160萬人。

　　當國有職工不得不下崗，且只能領取少量生活補貼的時候，如果要繼續生活下去，他們就不得不和其他失業人員一樣，面對尚在發育中的勞動力市場的激烈競爭，原來由所有制度所塑造的等級制度（分配等級制度和社會福利等級制度）僅僅剩下住房福利制度和醫療保障制度兩個堡壘。而從二十世紀九〇年代中期開始的住房制度改革和九〇年代末期開始的醫療制度改革，目的就是要將這兩個計劃經濟的堡壘推向市場。

　　二十世紀八〇年代末期以後，在「其他」所有制就業職工的年均工資已經高於國有職工。據調查，一九九四年收入最高的行業是金融、保險、房地產和社會服務業，這些都不是原國有企業的主體。到九〇年代末期，除了壟斷性行業以外，大多

數國有企業職工的收入優勢已經蕩然無存。

這就是說，到二十世紀末年，由計劃經濟制度建立的社會分層結構已經基本解體，代之而出的是市場經濟制度對分層結構的重塑。在這個過程中，社會中的每個人都不得不探討自己在社會分層結構中的位置，也不得不問：「我這是在哪兒？」

一九九九年開始，陸學藝教授帶領的研究小組把社會資源分解為組織資源、經濟資源和文化資源三類。所謂組織資源主要是指依據國家政權組織和黨組織系統而擁有的支配社會資源（包括人和物）的能力；經濟資源主要是指對生產資料的占有、使用和經營狀況；文化（技術）資源主要指占有社會（透過證書或資格認定）認可的知識和技能的狀況；三種資源的占有狀況決定了人們在社會分層結構中的位置和個體的社經地位。

依據三類資源的占有狀況來分析中國大陸社會新的分層結構狀況，將整個社會劃分為了五個等級和十個階層（見圖8-2）。五個等級指社會上層：高層領導幹部、大企業經理人員、高級專業人員及大私營企業主；中上層：中低層領導幹部、大企業中層管理人員、中小企業經理人員、中級專業技術人員及中等企業主；中中層：初級專業技術人員、小企業主、辦事人員、個體工商戶；中下層：個體勞動者、一般商業服務業人員、工人、農民；底層：生活處於貧困狀態、缺乏就業保障的工人、農民和無業、失業、半失業者。十個層次包括：國家與社會管理者階層、經理人員階層、私營企業主階層、專業技術人員階層、辦事人員階層、個體工商戶階層、商業服務業員工階層、產業工人階層、農業勞動者階層和城鄉無業、失業和半失業者階層。

在這樣一個叢林中，你能夠知道你在哪兒嗎？

上層：高層領導幹部、大企業經理人、高級專業人員、大私營企業主	國家與社會管理者階層（擁有組織資源）
	經理人員階層（擁有文化資源或者組織資源）
中上層：中低層領導幹部、大企業中層管理人員、中小企業經理人員、中級專業技術人員、中等企業主	私營企業主階層（擁有經濟資源）
	專業技術人員階層（擁有文化資源）
中中層：初級專業技術人員、小企業主、辦事人員、個體工商戶	辦事人員階層（擁有少量文化資源或組織資源）
	個體工商戶階層（擁有少量經濟資源）
中下層：個體勞動者、一般商業服務業人員、工人、農民	商業服務業員工階層（擁有很少量的經濟三種資源）
	產業工人階層（擁有少量的經濟三種資源）
底層：生活貧困並缺乏就業保障的工人、農民和無業、失業、半失業者	農業勞動者階層（擁有很少量的經濟三種資源）
	無業、失業、半失業者階層（基本沒有三種資源）

（圖中箭頭表示相關社會階層的全部或部分可歸入某種階級）

圖8-2　當代中國社會結構圖

資料來源：陸學藝（主編），2002，《簡單中國社會階層研究報告》，北京：社會科學文獻出版社。

結束語　社會學作爲職業或使命

　　每一個進入社會學領域的人都要試圖回答這樣一個問題：爲什麼選擇社會學？作爲一種使命？作爲一種遊戲？還是作爲一種職業？如果我們從社會實際出發來回答這個問題，就可以把從事社會學的人分爲三個基本大類。

　　第一類是所謂的社會使命感者。面對工業革命和急遽的社會變革所帶來的社會混亂，孔德（A. Comte）在窮困潦倒、精神空虛和精神有點不正常的情況下，在他的實證哲學體系中提出了「社會學」這個名詞，並希望社會學能夠成爲治世學科，社會學研究所提出的藥方能夠讓混亂的社會獲得秩序。在他之後的涂爾幹（É. Durkheim）則希望社會學能夠弄清楚不同社會的紐帶，並從對社會事實的解釋中獲得治世的策略。

　　大概因爲社會學的這種出身緣故，第一個把社會學介紹到中國來的嚴復先生也是一個社會使命感者。即使到了社會學走上中國高等教育講台的二十世紀二〇至三〇年代，站在講臺上的中國教師也是如此。楊開道在回顧他選擇社會學這門學科時這樣說，我「不知不覺地感到農業界有一個重要缺點，一天到晚拼命地幹著，畢業了充當一位助教；就是跑到國外一趟，掛上一塊金字招牌，也不過是一位教授」，而農民「還是在那裏吃苦，在那裏發愁，和國內的農學士、國外的農博士沒有一點緣分」。楊先生由於「不願意再做和農民不相關的助教、專家、教授，而願意做農民的朋友，做農民和專家之間的介紹人，使專家能夠服務農民、農民能夠利用專家」而選擇了社會學。中國

社會學者中的社會使命感者除了受社會學本身帶著的社會使命感以外，也許還如費孝通所言，社會學者的社會使命感更來源於「天下興亡，匹夫有責」的儒家教誨。

第二類是社會中的有閒階級，他們並不把社會學當做治世良方，而是作為搖椅上的一種消遣，猶如中國人的麻將一般。史賓塞（H. Spencer）從他叔父那裏獲得了一筆遺產之後，便把社會學當做進入上流社會社交場所的一種手段，並把建構綜合哲學當作一種智力遊戲。在這樣的意義上，帕森斯（T. Parsons）也屬於社會學界的有閒階級。只是在中國好像還沒有過自稱把社會學當作一種智力遊戲的社會學家。

第三類是把社會學看做是一種職業的社會學者，社會學界的大多數人都屬於這一類。把社會學當做職業有兩層含義。第一是把社會學看做專門的學問，本著求真的精神不斷地積累社會學的知識，並希望透過自己的理解去幫助更多的人獲得對社會的理解，讓人們獲得一種社會的共識，從而促進社會的整合與和諧。但人總要生存，現代社會的生活使得人們很難像孔德那樣，可以放棄所有的東西來追逐理想，因為這樣的空間已經被窒息了，人們首先需要生存。因此社會學作為職業的第二層含義就是，從事社會學工作與從事其他學科工作一樣，無論做什麼，必須首先是一個飯碗，是一種用知識獲得生存資源的手段。

需要說明的是，社會使命感者把自己與既有的社會群體分割開來，而把自己列入了濟世使者之列，他們有耶穌受難的精神，並由此真正地獲得了一種特有的社會位置。但同時，他們又生活在世俗世界，是普通社會群體的一員。當然，社會使命感者的出現也不是一廂情願的事情，個體甚至小群體的作為總

是受到社會條件制約的。以中國的社會學者為例,他們的社會
使命感,到二十世紀五〇年代以後便成為了泡影,許多有社會
使命感的人都知道,直到自己去世也未能在既定的努力範圍之
內做出任何成績。

但是如果社會學者從一個極端走到另一個極端,把具有使
命感的社會學者當做精神病患者,並期望把社會學當做一種智
力遊戲時,他也脫離了普通的社會群體。非常清楚的是,能夠
玩耍這種遊戲的人必須具備兩個條件:穩定而悠閒的謀生之道
和能夠駕馭這種遊戲的智力。遺憾的是,中國的社會學者從社
會學被介紹到中國來開始,幾乎沒有人同時具備上述兩個條
件。

因此我們相信,大多數從事社會學的人不可能成為純粹的
社會使命感者,因為不可以一廂情願;絕大多數的人也不能夠
把社會學研究來當作一種智力遊戲,因為具備成為悠閒階級的
條件、同時又鍾情於社會學的人並沒有,至少到今天為止尚沒
有出現。於是大多數從事社會學的人都不得不生活在世俗世
界,從謀生開始。

但是如果把社會學當做純粹的謀生手段,並不是一種明智
的選擇。人類的謀生手段多種多樣,從種地到從事高回報的投
資,從事社會學不能夠獲得高回報,同時還要求不少的時間和
精力投入,這就要求選擇社會學的人有一種精神,中國知識分
子的精神,就像孔子說顏回那樣,「一簞食,一瓢飲,在陋
巷,人不堪其憂,回也不改其樂」。

既食人間煙火,即使有顏回之志,也要知道社會學可以幹
什麼。事實上,這個問題不僅中國有,凡是有社會學的地方都
有,因為人們不可能透過望文生義的方式來理解社會學的現實

意義。為此，帕森斯也不得不在一九五九年的《美國社會學評論》上發表專文〈作為職業的社會學〉來解釋社會學的應用。按照他的說法，當時的美國，社會學應用最廣泛的領域是工業組織和政府部門，「特別是軍事機構、輿論和民意研究機構、衛生健康等各種社會性機構」，與納入資質管理的應用，如法律服務、心理諮詢等不同，社會學的就業除了學術組織之外，就是在各種非學術組織中以專職或兼職的方式就業。

四十年後，這樣的狀況有什麼變化呢？最近普林斯頓大學對社會學系本科學生畢業後的去向進行的一項調查發現，如果以營利和非營利來劃分，54％在營利性機構工作，30％在非營利性機構工作；如果以行業來劃分，18％在教育界，18％在媒介，16％在金融保險業，13％在法律界；如果以是否獲得更高學位來劃分，68％的人畢業以後獲得了更高的學位。

遺憾的是，我們沒有中國大陸社會學系本科畢業生去向的具體資料。如果僅僅考察北京大學社會學系畢業生的去向，大致也是這樣的趨勢。如果能夠明白這一點，而且即使沒有顏回之志，學一點社會學也將使我們的人生添彩，因為我們能夠更多地瞭解社會、活得更加明白。

而且我們有理由相信，在中國大陸，作為職業的社會學原本就應該從每一件屬於中國的瑣碎的事情做起，讓在瑣碎中獲得的認識經歷社會實踐的檢驗。只有這些瑣碎事情的積累才會有紮根於古老文明的中國社會土壤的社會學，才會有包括中國社會在內的作為一個完整學科的社會學。而要能夠置身於社會學研究的瑣碎，也許首先要做到敬業，做到了敬業就會把作為職業的社會學當做一種使命使其獲得有閒，並因此從職業的瑣碎中感到崇高。

人文社會科學叢書 9

社會學是什麼

著　　者／邱澤奇

出 版 者／揚智文化事業股份有限公司

發 行 人／葉忠賢

總 編 輯／林新倫

登 記 證／局版北市業字第1117號

地　　址／台北市新生南路三段88號5樓之6

電　　話／(02)2366-0309

傳　　真／(02)2366-0310

網　　址／http://www.ycrc.com.tw

E-mail／book3@ycrc.com.tw

郵撥帳號／14534976

戶　　名／揚智文化事業股份有限公司

法律顧問／北辰著作權事務所　蕭雄淋律師

印　　刷／鼎易印刷事業股份有限公司

ISBN／957-818-458-1

初版一刷／2003年1月

定　　價／新台幣320元

＊本書如有缺頁、破損、裝訂錯誤，請寄回更換＊

◎本書由北京大學出版社授權在台灣地區出版中文繁體字版◎

國家圖書館出版品預行編目資料

社會學是什麼 = What is sociology? / 邱澤奇
著. -- 初版. -- 臺北市：揚智文化，2003[
民92]
　　面：　公分. -- （人文社會科學叢書：9）

ISBN 957-818-458-1 （平裝）

1. 社會學

540　　　　　　　　　　　　　　91019411